Einflußreicher werden

Cornelia Edding

Einflußreicher werden

Vorschläge
für
Frauen

Gerling Akademie Verlag

Die Deutsche Bibliothek – CIP Einheitsaufnahme
Ein Titeldatensatz für diese Publikation
ist bei der Deutschen Bibliothek erhältlich.

Umschlaggestaltung: Claus Seitz, München
Titelabbildung: Tomi Ungerer: Hüpfspiel, 1965;
© Diogenes Verlag AG Zürich
Original Zeichnung: Musées de Strasbourg
Satz: Fotosatz Reinhard Amann, Aichstetten
Druck und Bindung: Friedrich Pustet GmbH, Regensburg
ISBN 3-932425-47-2

www.gerling-academy-press.com

Inhalt

Zu Beginn 11

Einladung, sich auf die Suche zu machen 11
Einige Überzeugungen sind nur schwer ins Wanken zu bringen 13

»Was zählt, ist schlußendlich die fachliche Leistung!« 14 · Der liebe Gott sieht alles oder: Warten wird belohnt 17 · »Mir persönlich liegt diese Angeberei nicht.« 18

Hinein in die Ambivalenzen! 21

Einfluß nützt der Sache und bekommt der Person – ein Plädoyer 21 · Manches können Männer besser 23 · Anpassung droht 25 · Wie könnte es gehen? 26 · Lohn und Preis 27

TEIL I

Vor dem Hintergrund der Organisation 29

In Organisationen werden Chancen verteilt – nicht nur nach Leistung 31
Ist das Forschungsinstitut wirklich geschlechtsblind? . . . 32
»Wir sind eine große Familie« Ein Organisationsmodell und seine Folgen 35

Primat der Beziehung 36 · Der verengte Blick 37 · Handlungsoptionen gewinnen – eine Spielerei mit Systemgrenzen 39

Mythos Rationalität 41
Sie sind ein Player, ob Sie mitmachen oder nicht! 43
Das Kräftefeld verstehen und Einflußmöglichkeiten abschätzen 45

Frau Wegeners Geschichte 47 · Eine Fußnote zum Thema »Vermutete Gegner« 48

Fachwissen und Dienstwissen 49
Über das Dienstwissen 50

Wer ist wer? Und wer steht wie zu wem? 51 · Was zählt? 52 · Die Ladung mit dem Faktor »Status« 54

Einflußakkumulation – eine Übung 56
Beziehungen! Beziehungen! 58
Nützliche Netze 59

Netze spinnen 60 · »Networking« fürs Dienstwissen 62 · Einflußnahme via Netz 63 · Ein kleines Instrument: Die Netzwerkkarte 64

Rastplätze 66

Frau Kaisers Geschichte 67

Über Mentoren und Vorgesetzte 68

Kennen Sie die Bedürfnisse Ihres Vorgesetzten? 71 · Frau Baumanns Geschichte 72

Tauschgeschäfte – Güter und Währungen 74

Frau Günthers Geschichte 77

Man muß das Brett nicht an der dicksten Stelle bohren! . . 78

TEIL II

Drei Schauplätze 81

I Die Gruppe 81

In Gruppen werden Plätze »ausgehandelt« 82

»Geheimverhandlungen« in der Sparkasse – ein Beispiel 83

Männer und Frauen in Gruppen 88

Auch eine neue Gruppe fängt nicht bei null an 88 · Mrs. Millers Geschichte 89 · Gegensteuern I: Vorbeugende Maßnahmen 90 · Wie Frauen sich ausschalten lassen und wie Männer Frauen zum Verstummen bringen 92 · Gegensteuern 2: Abwertungen umwerten 93 · Frau Lauters Geschichte 95 · Gegensteuern 3: Mitsteuern 96 · Vorsicht, Rollenangebote! 98 · Welche Gruppenrolle hätten Sie gern? 101

Spezialfall »token« – als einzelne Frau in einer Männergruppe 104

Die besondere Situation des »tokens« 105 · Die Folgen sind beträchtlich 105

2 Das Gespräch unter vier Augen 107

Über die Beziehungsabhängigkeit von Frauen 108

Einflußfaktoren 110

Auch das persönliche Gespräch ist nicht kontextfrei 110 · Einige Merkmale der Kommunikation 111 · Die intime Situation hat ihre Tücken 113

Was ist ein erfolgreiches Gespräch? 116

Einige Dauerbrenner werden besichtigt 117

Forderungen stellen 117 · Friß Vogel – oder ich sterbe! Frau Meinkes Geschichte und ein Kommentar 118 · Grenzen setzen und halten 122 · Warum nicht mal entgegenkommen? 124

Sie sind einflußreicher, als Sie denken! 125

Ohne Vorbereitung geht es nicht 127

3 Auftritte 128

Sichtbar werden ist heikel 128

Frau Beckers Geschichte 130

Die Angst vor der Angst 131

Ein gelungener Auftritt bedarf der Vorbereitung 133

Wohin mit der Frau? 134

Was Sie tun und was Sie lieber lassen sollten 137

Prüfen Sie Ihre Bedürftigkeit! 139

Frau Wienands Geschichte 141

Der Kontext des Auftritts hilft, Unerklärliches zu verstehen 142

TEIL III

Drei Versuchsfelder 145

1 Gespräche neu einrahmen 146

Rahmen und ihre Bedeutung 146
Über Autorität 151

Frau Schlüters Geschichte 152

Sachautorität in Anspruch nehmen 154

2 Sich zeigen 156

Über Selbstdarstellung 156
Sich selbst erzählen 159

Ein Ausflug in die akademische Welt 159 · Die Postmoderne auf dem Dorf, ein Beispiel 160 · Wie erzählen Sie sich selbst? 162 · Frau Ottos Geschichte 165

Haben Sie sich schon einmal mit Symbolen beschäftigt? 166
Vorbilder und Rollenmodelle, diesmal im Kino 169

3 Politikfähig werden 171

Projekte politikfähig machen 171
Mit langem Atem 173
Sind Sie eine gute Verkäuferin? 175

Frau Wolters Geschichte 175 · Betrachten Sie doch das Verkaufen als Teil Ihrer Arbeit! 176

Vorbehalte auf den Tisch! 178
Über Bande spielen 182

Schlußbemerkung 185

Anmerkungen 187
Literatur 192

Zu Beginn

Einladung, sich auf die Suche zu machen

Es ist keine Einbildung, wenn Frauen den Eindruck haben, sie hätten zu wenig Einfluß und bekämen zu wenig Anerkennung. Die Strukturen unserer Arbeitswelt machen Aufstieg und Erfolg für sie wirklich schwer. Und bei uns zulande sind diese Erschwernisse größer als bei den meisten unserer europäischen Nachbarn. Untersuchungen, die aufzeigen, wie die Ungleichbehandlung von Frauen in die Organisation hineingewoben ist und in ihnen fortgeschrieben wird, sind mittlerweile Legion. Für diese Tatsache und für die Vorliebe von ranghohen Männern zur gleichgeschlechtlichen Fortpflanzung (andere nennen es: unterirdische Knollenteilung) brauchen Frauen wirklich keine Verantwortung zu übernehmen. Und auch die bundesdeutsche Familienpolitik ist konsequent und zuverlässig in dem Sinne, daß sie es nach wie vor dem Erfindungsreichtum, der Belastbarkeit und dem Organisationsgenie von Frauen überläßt, ihre Familienfreuden und -pflichten mit den Herausforderungen ihres Berufes zu versöhnen oder schlecht und recht unter einen Hut zu bringen.

Natürlich ist es wichtig zu verstehen, warum etwas nicht gelingt. Aber dann? Viele Frauen sind nicht damit zufrieden, Behinderungen und Ungerechtigkeit zu beklagen.

Was also können sie tun? Sitzen und warten? Sich in weiblicher Bescheidenheit auf den ihnen zugedachten Plätzen einrichten? Auf außerbetriebliche Entfaltungsräume ausweichen?

Ich bin davon überzeugt, daß es, allen Widrigkeiten zum Trotz, für Frauen bislang ungenutzte Handlungsspielräume gibt. Darin bestärkt mich folgende Erfahrung: Es gibt in der konkreten beruflichen Situation der einzelnen Frau immer wieder bis dahin unentdeckte Optionen, es zeigen sich unverhofft Verbündete, und selbst ein Mißerfolg ist oft bekömmlicher als der Verzicht auf den

Versuch, etwas zu verändern. Ich lade Sie daher ein, sich auf die Suche zu machen: nach veränderten Blickwinkeln, die neue Horizonte eröffnen, nach unentdeckten oder unentwickelten Kompetenzen, nach ungenutzten Spielräumen, nach brachliegendem Wissen, nach der »anderen« Frau, die Sie auch noch sind.

Die Suche ist nicht ganz einfach, sonst hätten Sie sie ja längst angefangen. Einige lieb gewordene Überzeugungen müssen Sie dabei infrage stellen und sich etlichen Ambivalenzen aussetzen. Davon später mehr.

Und natürlich ist der Erfolg nicht garantiert. Es gibt kein Vorgehen und keine Verhaltensweise, seien sie noch so raffiniert oder gekonnt, die im beruflichen Kontext zweifelsfrei zum Erfolg führen. Dazu wirken zu viele Kräfte gleichzeitig auf eine Situation ein, manche bemerken Sie gar nicht und nur ganz wenige können Sie durch Ihr Geschick kontrollieren. Deshalb nützen Rezepte nicht, obwohl es beruhigend sein mag, über sie zu verfügen.

Dennoch können Sie sich anregen lassen – nachdenken, bewußter wählen, das eine oder das andere ausprobieren, möglicherweise Ihr Frauenbild ein wenig verändern und damit Ihre Grenzen erweitern. Sie können alte Probleme mit einer neuen Idee anpacken; Sie können ein kleines Risiko eingehen und dann, wenn's klappt, ein etwas größeres.

Hoffentlich entdecken Sie unterwegs Vergnügungen!

Spiele zu lernen und zu beherrschen kann Spaß machen; das Gefühl, die eigenen Möglichkeiten zu erweitern, ist etwas sehr Befriedigendes; erfreuen Sie sich an einem gelungenen Experiment oder an einer neuen Erkenntnis.

Damit Sie gut auf den Weg kommen, gilt es zunächst, das in Augenschein zu nehmen, was Sie möglicherweise zurückhält, nämlich lieb gewordene Überzeugungen und etliche Ambivalenzen. Von diesen handeln die nächsten beiden Kapitel.

Die weiteren konzentrieren sich auf drei Schwerpunkte:

Zum einen geht es um Schauplätze, also Orte und Situationen, in denen Ansprüche auf Sichtbarkeit und Einfluß gestellt, zugestanden und dann auch eingelöst werden müssen. Die Schauplätze, die ich vorstelle, sind: Gruppen – also Gremien, Arbeitsgruppen, Besprechungen und Sitzungen aller Art –, in denen Plätze ausgehandelt werden; das Gespräch unter vier

Augen, in dem es gilt, eigene Ziele zu verfolgen und das Gegenüber zu gewinnen, und schließlich der Auftritt, eine hochsichtbare Situation, in der Frauen gern getestet werden.

Diese Schauplätze schweben nicht kontextfrei im Raum, sondern sind eingebunden in einen Apparat, in die Organisation, die über verschiedene Kanäle in sie hineinwirkt und das, was dort geschieht und möglich ist, mitbestimmt. Diese Organisation, ihr Funktionieren und ihre Bedeutung für gelingende Einflußnahme sind daher ein weiterer Schwerpunkt des Buches. Um in den konkreten Situationen Ihre Wahlmöglichkeiten zu erhöhen, sollten Sie einige Eigenarten der Organisation kennenlernen und für sich nutzen.

Ein dritter Schwerpunkt schließlich sind Versuchsfelder, auf die Sie eingeladen sind, sich zu begeben, um neue innere Bilder zu entwickeln und um mit Selbstentwürfen und Verhaltensstrategien zu experimentieren.

Geschichten, die viele Frauen aus ganz unterschiedlichen Arbeitszusammenhängen mir im Laufe der Jahre erzählt haben, illustrieren die Probleme, die Analyse der Probleme und die vorgestellten Handlungsoptionen.

Einige Überzeugungen sind nur schwer ins Wanken zu bringen

Wer häufiger mit Frauen über ihre beruflichen Situationen spricht und von ihren Niederlagen und Enttäuschungen hört, stellt fest, daß einige wenige Kernsätze immer wieder auftauchen. Die Erzählerinnen erklären sich ihre schlechten Erfahrungen und ihre Schwierigkeiten mit einigen Grundannahmen, die sich wiederholen.

Diese erweisen sich als enorm widerstandsfähig. Sie sind durch noch so viele Erfahrungen, die sich auch anders interpretieren ließen, nicht zu erschüttern. Stellen wir also einige dieser Annahmen auf den Prüfstand, und schauen wir, was sie leisten und was sie verhindern.

»Was zählt, ist schlußendlich die fachliche Leistung!«

Der Glaube an den Primat der fachlichen Leistung widersteht mit Leichtigkeit der wiederholten Erfahrung, daß das nicht so ist. Den Ergebnissen empirischer Untersuchungen widersteht diese Überzeugung ohnehin. Sichtbarkeit, Einfluß, Anerkennung sind das Ergebnis der individuellen fachlichen Arbeit. Punkt. Im Umkehrschluß: Wenn ich nicht genug davon bekomme, dann hilft nur eins: besser werden.

Hochqualifizierte Frauen definieren sich über ihre Fachlichkeit. Sie sind Expertinnen auf ihrem Feld. Gerade weil sie so gut sind, entwickeln sie sich in Bereiche der Organisation hinein, in denen nach anderen Regeln gespielt wird und in denen die Bedeutung fachlicher Brillanz abnimmt.

Wenn sie nun versuchen, die Ergebnisse ihrer fachlichen Arbeit wirksam werden zu lassen, dann stellen sie plötzlich fest, daß ihnen das nicht gelingt. Sie merken dies, sind verärgert und frustriert und reagieren mit noch größerer fachlicher Anstrengung.

Manche Frauen wechseln im Zuge ihrer beruflichen Entwicklung den Arbeitgeber und damit die Organisation, in der sie tätig sind. Wenn sie z.B. von einem Forschungsinstitut in den politischen Apparat wechseln, geraten sie in eine Organisationskultur, in der ständig strategisch gedacht, gehandelt und bewertet wird. Der Maßstab der Dinge ist die Außenwirkung. Die Fachexpertin wurde zwar als Lieferantin von Konzepten eingestellt. Wenn sie jetzt aber darauf baut, daß ihre Sachargumente auch in die politische Diskussion übernommen werden, irrt sie. Andere Kriterien, z.B. solche der Opportunität, sind wichtiger. Da sitzt sie nun in der Konferenz und ist entsetzt. Sie nimmt sich vor, beim nächsten Mal präziser zu formulieren, stringenter zu argumentieren, sich detaillierter vorzubereiten.

In vielen Betrieben brauchen aufstiegswillige Frauen die Hilfe ihres Vorgesetzten. Er muß sie sehen und bereit sein, sie zu fördern. Er müßte sie z.B. einschleusen in das jeweilige betriebliche System, mit dem High Potentials identifiziert und dann aufgebaut werden. Nun geschieht es oft, daß der Vorgesetzte das Potential seiner Mitarbeiterin nicht sieht. Die Mitarbeiterin reagiert mit größerem Fleiß, längeren Arbeitsstunden, absoluter Zuverlässigkeit. Sie hofft, dadurch seine Aufmerksamkeit zu erregen und seine Unterstützung für den Aufstieg zu gewinnen.

In jedem Fall erklären sich die Frauen ihren Mangel an Einfluß und Sichtbarkeit mit einem Mangel an fachlicher Leistung. Auch wenn sie keine Mängel entdecken können, fußt ihr Ausweg aus der Situation auf dieser Annahme. Sie versuchen nämlich, Abhilfe zu schaffen durch ein Verfahren, das Paul Watzlawick »Mehr desselben« nennt: Sie strengen sich noch mehr an.[1] An dieser Erklärung und diesem Lösungsversuch halten sie fest, auch wenn sie viele Male deren Vergeblichkeit erleben.

Die Erklärung der relativen Unsichtbarkeit durch einen Mangel an fachlicher Leistung ist die bei weitem »beliebteste« und ihre Verfechterinnen halten sie aufrecht trotz zahlreicher gegenteiliger Erfahrungen. Sie zahlen natürlich einen Preis dafür: Sie bemühen sich an einer Stelle – nämlich an der Perfektionierung ihrer Leistung –, die wenig erfolgversprechend ist.

Eine Spielart des »Mehr desselben«, ein von Frauen bevorzugter Lösungsweg, ist die Weiterbildung.

Im Laufe meiner eigenen Tätigkeit als Weiterbildnerin und Supervisorin bin ich vielen Frauen begegnet, die zu ihrem Grundberuf mehrere, manchmal drei oder vier Zusatzausbildungen absolviert hatten. Diese haben zwar zur persönlichen Entwicklung der betreffenden Frauen in einigen Bereichen, nicht aber zu ihrem Aufstieg und Erfolg beigetragen.

Untersuchungen zeigen, daß es in vielen Unternehmen auf mittlerer Ebene einen wahren Rückstau hochqualifizierter Frauen gibt, die nicht weiterkommen. Sie werden nicht mit wichtigeren Aufgaben betraut oder mit solchen, die größere Sichtbarkeit versprechen. Ein höheres Gehalt bekommen sie auch meist nicht.[2] Dennoch ist die Überzeugung vieler Frauen, über Weiterbildung erfolgreicher und einflußreicher zu werden, unerschüttert.

Die Überzeugung, der Königsweg zu Anerkennung und Erfolg sei die persönliche Leistung, wird bei recht vielen Frauen gefestigt durch das Gefühl, moralisch überlegen zu sein. Sie betrachten die Machtspiele in ihrer Organisation mit Herablassung, definieren sie als »typisch männlich« und brauchen sich danach nicht mehr damit zu beschäftigen, sich nur noch davon abzugrenzen. Sie vertreten die Auffassung, ihr Weg sei der höherwertige. Wenn er erfolglos bleibt, dann ziehen sie daraus nicht den Schluß, ihre Annahme sei falsch, sondern sie folgern daraus, sie seien einfach noch nicht gut genug.

Psychologen gehen davon aus, daß unser Verhalten wenn auch nicht immer vernünftig, so doch für die/den einzelne(n) sinnvoll ist. Wenn Frauen also allen Erfahrungen zum Trotz daran festhalten, Mangel an Leistung sei ein wichtiger Grund dafür, daß Einfluß und Anerkennung ihnen vorenthalten werden, dann muß diese Erklärung für die einzelne Person sinnvoll sein, sie muß etwas leisten, was die Frauen nicht aufgeben möchten.

Was also leistet sie?

- Wenn sie an der Erklärung festhalten, vermeiden sie Veränderung – und damit jede Verunsicherung. Sie können weitermachen wie bisher.
- Damit ersparen sie sich auch Zweifel und Angst: Es könnte ja sein, daß sie diese »Machtspielchen« gar nicht spielen könnten, wenn sie es versuchten. Da ist es sicherer, sie gar nicht erst auszuprobieren.
- Ihr Weg zu Einfluß und Anerkennung mag nicht zum Erfolg führen, aber sie bleiben moralisch überlegen. Das ist besser als gar keine Überlegenheit.
- Wenn die Ursache für Mangel an Sichtbarkeit und Anerkennung im Fachlichen liegt, dann ist sie wenigstens nicht auf persönliche Defizite zurückzuführen. Frauen ersparen sich die unangenehme Erfahrung, daß an ihrer Person etwas auszusetzen sei. Fachliche Kritik ist leichter auszuhalten als persönliche Mißachtung.
- Sie brauchen ihr Streben nach Sichtbarkeit und Einfluß nicht preiszugeben. Sie müssen sich nicht überlegen, was sie fordern möchten, und sie brauchen nichts zu fordern. Also wer-

den sie sich auch nicht mit diesem Vorhaben lächerlich machen.

- Die Erklärung erlaubt Frauen, sich hinter ihrer Fachleistung zu verstecken. Sie werden sichtbar – aber nur als Gehirn, als fleißige Kraft, als kreativer Geist. Wenn es so funktionieren würde, wie sie annehmen, bliebe verborgen, daß es sich um kluge, kreative, fleißige – womöglich auch attraktive – Frauen handelt. Sichtbar würde nur die Leistung.
- Wenn sie andere Erklärungen zuließen, müßten sie gar anfangen, mit Kollegen zu konkurrieren und mit Vorgesetzten zu streiten. Diese Vorstellung ängstigt.

Kurz gesagt: Alles kann so bleiben wie es ist. Frauen konzentrieren ihre Anstrengungen auf ein Feld, auf dem sie sich sicher fühlen, auf die beruflichen Aufgaben. Diese definieren sie sehr eng. Es gehören nicht dazu: Das Mitmischen im internen Kräftespiel, die Selbstdarstellung oder der gute Verkauf, Beziehungspflege. Konflikte werden sie nicht anzetteln und nicht durchstehen.

Wenn sie nur wirklich tüchtig sind, wird das Ergebnis so gut sein, daß es ohne jede Hilfe überzeugt. Schön wär's.

Der liebe Gott sieht alles oder: Warten wird belohnt

Viele Frauen sind davon überzeugt, daß ihre berufliche Leistung in Wirklichkeit doch gesehen und wertgeschätzt wird und daß sie eines Tages auch dafür belohnt werden. Trotz gegenteiliger Erfahrung stellen sie sich ihren Vorgesetzten wie den lieben Herrgott aus dem Gottbüchlein vor: Freundlich, milde und gerecht führt er Buch über die Verdienste und wenn er findet, die Zeit sei gekommen, wird er der fleißigen Tochter den Einfluß zuteilen, der ihr zusteht. Selbst wenn er streng sein sollte, bleibt er doch gerecht.

Natürlich werden die Töchter manchmal ungeduldig und unwillig – aber wirklich ungläubig werden sie nicht.

Wenn die Leistung noch nicht gewürdigt wurde, liegt es wohl daran, daß die Zeit noch nicht gekommen ist. Möglicherweise ist der Vorgesetzte stark beansprucht durch Vorgänge von unternehmensweiter Bedeutung. Vielleicht ist er auch in Kämpfe mit bösen Widersachern verwickelt. In solchen Zeiten bedarf er der besonderen Unterstützung durch die Töchter.

Auch bei dieser Erklärung setzt die Frau auf Fachlichkeit. Hinzu kommt ein manchmal anrührendes Vertrauen in die Gerechtigkeit der Vorgesetzten. Sie ist sich sicher: Sie wird gesehen und das, was sie tut, wird gewürdigt. Es ist nur noch nicht zum Ausdruck gekommen, aber früher oder später wird das gewißlich geschehen.[3]

Was leistet diese Überzeugung?

- Frauen können sich das Bild einer gerechten Autorität bewahren.
- Frauen müssen sich nicht darüber Gedanken machen, daß sie nicht gesehen werden – nein, denn sie werden ja gesehen. Sie merken es nicht, aber sie wissen es.
- Und schließlich: Frauen müssen nicht erwachsen werden. Sie brauchen nicht für sich selbst zu sorgen, sie müssen nicht die Verantwortung für ihr Fortkommen übernehmen mit all den unangenehmen Tätigkeiten, die damit zusammenhängen, als da sind: Forderungen stellen, Interessen und Wünsche anmelden, sich streiten, auf ihrem Standpunkt beharren – um nur einige zu nennen.

»Mir persönlich liegt diese Angeberei nicht«

Frauen merken natürlich, daß ihre männlichen Kollegen sich selbst und ihre Leistung bei vielen Gelegenheiten ins Rampenlicht rücken. Sie streichen ihre Verdienste heraus. Sie übernehmen besondere Aufgaben, auch wenn sie sich auf dem Gebiet nicht sattelfest fühlen – im Gegensatz zu Frauen, die selbst auf ihrem Spezialgebiet zu verunsichern sind. Sie machen kein Geheimnis aus ihren Erfolgserlebnissen, sondern heben sie hervor und schreiben sie ihren besonderen Fähigkeiten zugute. Bei Besprechungen mit dem Chef versuchen sie, einander zu übertrumpfen.

Viele Frauen schauen dabei zu und rümpfen die Nase. Sie erklären sich die größere Sichtbarkeit der Kollegen mit deren »Angeberei« oder mit dem »Gockelgetue«. Das lehnen sie ab. Damit wollen sie nichts zu tun haben. Sie sprechen darüber, als handle es sich bei diesen Formen der Selbstdarstellung um einen Charakterzug, den man entweder besitzt oder der einem – glücklicherweise – abgeht.

Frauen verzichten oft auf eine solche Selbstdarstellung, weil ihnen diese Eigenschaft fehlt und weil sie »sich nicht verbiegen wollen«. Sie werten das Verhalten der Männer moralisch ab und schätzen ihre Verweigerung, es ihnen gleich zu tun, als höherwertig.

Frauen, die nicht davor zurückschrecken, sich selbst und ihre Verdienste ins helle Licht zu rücken, werden von den lieben Schwestern ziemlich unbarmherzig kritisiert.

Wenn Frauen ihr Verhalten in dieser Weise moralisch überhöhen, verengt sich ihr Horizont. Es gibt nun nicht mehr unterschiedliche Verhaltensoptionen, die sie erproben könnten. Es gibt nicht mehr nützliches oder hinderliches Verhalten, sondern gutes und schlechtes.

Was leistet diese Sicht der Dinge? Warum wird sie beibehalten, obwohl die berufliche Wirklichkeit den Akteurinnen täglich vorführt, wie wirksam ein bißchen »Angeberei« doch sein kann?

Wenn wir uns loben, dann zeigen wir uns. Und wenn wir uns zeigen, dann wird es gefährlich.

Die strenge Ahndung positiver Selbstdarstellung schützt davor, daß andere diese Darstellung als falsch zurückweisen, uns lächerlich machen und kränken. Wer solche Kränkungen erlebt hat, wer sich gefährdet fühlt, dem erscheint es vernünftig und sinnvoll, sich dieser Gefahr nicht auszusetzen.

Wir tun so, als bedürften wir keiner »narzißtischen Fütterung«. Wenn wir ihrer doch bedürfen, darf es jedenfalls nicht offenkundig werden. Und vor allem dürfen wir selbst nichts dazu tun. Wir wollen entdeckt werden wie Dornröschen hinter ihrer Hecke. Nicht wir selbst – andere sollen uns preisen, so daß wir bescheiden den Kopf senken können. Alles andere ist peinlich und ungehörig.

Allerdings ist es Selbstbetrug zu meinen, Frauen setzten sich nicht in Szene, sie tun das durchaus: wenn sie klaglos mehr arbeiten, wenn sie großzügig verzichten, unter den Autoren genannt zu werden, wenn sie sich zurückhaltend, aber deutlich abwenden von der Selbstdarstellung anderer. Eine Art nachdrückliche Bescheidenheit, die anspruchsvoll-unscheinbare Geste, das ist die Form, die Frauen akzeptabel finden.

Frauen möchten gern selbst die Bedingungen setzen, zu denen sie gesehen und anerkannt werden wollen. Leider funktioniert es nicht. Wir können diese Bedingung nicht durchsetzen. Wir müssen uns wohl anders zeigen, wenn wir gesehen werden wollen. In einer Gesellschaft, in der die Darstellung mindestens so wichtig ist wie der Inhalt – »Mehr Schein als Sein« würde der Moralapostel sagen –, sinken die Chancen ständig. Und die »kleine Geste«, mit der auch Frauen durchaus auf ihre Verdienste hinweisen, ist zu schwach, sie geht unter.

Die Auffassung, daß ein Sich-Zeigen im beruflichen Kontext uns eine Charakterverbiegung abverlangt, hat ihren Preis: Wir werden nicht so gesehen, wie wir es uns wünschen. Und wir können uns nicht von ganzem Herzen an uns selbst, am eigenen Gelingen, an der erfolgreichen Lösung einer schwierigen Aufgabe erfreuen. Nur verstohlene Selbstliebe ist statthaft.

Gefestigt werden diese Auffassungen immer wieder von ganz realen Alltagserfahrungen: von vergeblichen Versuchen, die eigenen Ideen durchzusetzen; von inkompetenten Vorgesetzten, deren ängstlichem Autoritätsanspruch Frauen ausgesetzt sind; von Kollegen, die sie übervorteilen und austricksen wollen. Solche Erfahrungen bestätigen die oben genannten Leitsätze und erhöhen nicht gerade den Appetit auf mehr Einfluß.

Wir sehen: Diese Überzeugungen vieler Frauen erfüllen wichtige Aufgaben. Sie schützen vor Niederlagen, vor großen Ängsten, schweren Abschieden und vor den Gefahren der Sichtbarkeit. Das ist ihr Gewinn. Sie haben aber auch einen Preis. Sie versperren die Aussicht auf eine andere Organisationswirklichkeit. Sie eröffnen keine neuen Horizonte. Frauen sehen vielmehr, was sie schon immer sahen: eng begrenzte Möglichkeiten. Wer nichts Neues sieht, kann auch nichts entdecken. Die Idee, das vertraute Gelände zu verlassen, kann gar nicht auftauchen.

Schieben Sie diese Überzeugungen für ein Weilchen beiseite wie Kulissen aus einem alten Stück (Sie können sie ja später wieder re-installieren!), und werfen Sie einen Blick auf den dann frei werdenden Horizont Ihrer Ziele und Wünsche und Ihrer Bildes eines zukünftigen Selbst. Leider führt kein gerader Weg dorthin, sondern es eröffnet sich zunächst ein Irrgarten von Für und Wider, von Bedenken und Hoffnungen.

Hinein in die Ambivalenzen!
Einfluß nützt der Sache und bekommt der Person – ein Plädoyer

Nur wenige Frauen sagen: »Ich möchte gern Macht und Einfluß in meiner Organisation; ich will aufsteigen und Karriere machen. Erklären Sie mir doch mal, was ich tun kann, damit es mir gelingt.«

Zwei Gesichtspunkte werden häufig genannt, wenn es um das Thema Einfluß und Anerkennung geht. Tüchtige und engagierte Frauen machen die Erfahrung, daß ihre Aktivitäten nicht so wirksam werden, wie es ihrer Qualität entspräche. Die Frauen bedauern, daß ihre fachlichen Beiträge nicht angemessen zum Zuge kommen. Sie schauen mißmutig dabei zu, wie der schlechtere Vorschlag, besser verpackt und besser verkauft, akzeptiert und verwirklicht wird. Manchmal ist ihnen auch der Vorgesetzte nicht gut gesonnen, oder die Kollegen mißgönnen ihr den Erfolg und sabotieren ihre Pläne. Etwas mühsam tröstet die Frau sich dann damit, daß ihre Idee eindeutig die bessere gewesen wäre. Sie betrachtet andere, die das Einflußklavier besser zu spielen verstehen, mit Skepsis. Es gefällt ihr, daß sie sich selber treu geblieben ist.

Der andere Gesichtspunkt ist die Kränkung: Frauen werden in der Diskussion behindert und überfahren. Ihre Äußerungen oder auch ihre Person, werden abgewertet. Es gibt Sitzungen, in denen es ihnen kaum gelingt, zu Worte zu kommen. Sie brauchen einen einflußreichen Mann, der ihnen den Weg bahnt: »Frau X möchte jetzt auch mal was sagen« – oder, nicht ganz so herablassend: »Jetzt hört doch mal der Kollegin zu!« Sie wissen nicht recht, was sie machen könnten, ärgern sich, sind gekränkt und überlegen, was sie am liebsten in so einer Situation sagen würden – aber dann schweigen sie doch.

Die Erfahrung, mit einem Projekt nicht durchzukommen und die Erfahrung, in der Diskussion nicht zum Zuge zu kommen, werden getrennt erlebt, sie hängen jedoch zusammen: Wenn Sie in Ihrer Organisation als einflußreich angesehen werden, dann haben Sie es auch in Sitzungen leichter, denn Ihr Status ist von vornherein höher, die Chance, daß Ihnen zugehört wird, steigt und Sie dürfen auch mal gegen das Frauenbild der anderen Beteiligten verstoßen, ohne gleich abgestraft zu werden.

Einfluß ist bekömmlich – und das Gefühl, ohnmächtig zu sein, ist unangenehm und hat Folgen.

Gefühle der Ohnmacht bekommen Ihnen nicht. Es tut Ihnen nicht gut, wenn Sie von sich verlangen, herabsetzende Bemerkungen zu überhören und auch nicht, wenn Sie dabei zuschauen, wie andere die Lorbeeren einheimsen, die eigentlich Ihnen zustünden.

In Organisationen entwickeln Personen ohne Einfluß unangenehme Eigenarten. Sie werden kleinlich und kontrollierend. Mitarbeiter wissen das. Vor die Wahl gestellt, ob sie lieber eine(n) sensible(n) oder ein(e) mächtige(n) Chef(in) hätten, wählen sie die Macht.

Personen mit wenig Einfluß orientieren sich eng an Regeln und Vorschriften; sie haben die Neigung, ihren Zuständigkeitsbereich in eine Schutz- und Trutzburg zu verwandeln und gegen Veränderungen hinhaltenden Widerstand zu leisten. Sie reagieren rasch defensiv, wenn sie den Eindruck haben, der enge Bereich ihrer Zuständigkeit sei bedroht.

Konfrontationen und offene Auseinandersetzungen trauen sie sich nicht zu, sondern meckern und nörgeln lieber. Mitarbeiter mit einflußlosen Chefs oder Chefinnen haben weniger Chancen, gefördert zu werden. Solche Chefs stellen lieber schwächere Mitarbeiter ein, von denen sie sich nicht bedroht fühlen müssen. Gute Leute meiden diese Vorgesetzen, wenn sie können, denn es ist schon klar, daß sich unter deren Leitung nichts Zukunftsweisendes abspielen wird.

Es ist leicht nachzuvollziehen, daß so eine Entwicklung weder dem Betrieb noch den betroffenen Personen gut tut.

Möglicherweise ist eine im oben beschriebenen Sinne unangenehme Person gar nicht persönlich unangenehm, sondern das Produkt dieser spezifischen sozialen Situation – nämlich in einer Organisation als einflußarm angesehen und behandelt zu werden und sich selbst als abhängig und fremdbestimmt zu erleben.

Im Lichte dieser Erkenntnis wäre Ihr Wunsch nach mehr Einfluß und Sichtbarkeit nicht einfach nur selbstsüchtig, sondern ein Projekt, das Ihrer persönlichen Gesundheit ebenso dient wie dem Wohlbefinden Ihrer Mitarbeiter, dem Betriebsklima und schließlich auch der Organisation insgesamt.

Überzeugt Sie das? Möglicherweise – wenn da nicht verschiedene Gefahren lauerten: Sie könnten machtgeil werden; Ihr Charakter würde sich zu seinem Nachteil verformen; Sie müßten Kompetenzen entwickeln, von denen Sie nichts halten und würden sich um Dinge kümmern müssen, die Sie ablehnen. Sie würden Ihre Werte infrage stellen und am Ende gar sich selbst verlieren.

Diese Vorbehalte und Ambivalenzen sollten genauer ausgeleuchtet werden, denn nur dann bekommt Ihr Projekt »Einflußreicher werden« eine solide Basis. Erforschen Sie Ihre Position, klären Sie sie und festigen Sie sie – sonst sind Sie zu leicht zu verunsichern, weil Widerstand von anderen sich mit Ihren Selbstzweifeln trifft.

Manches können Männer besser

Aus dem Blickwinkel meiner Beratungsarbeit sieht es so aus, als gäbe es tatsächlich einiges, was Männern besser gelingt als Frauen. Sie haben gegen manche Verhaltensweisen weniger Vorbehalte. Daher sind sie auch geübter und erfahrener als Frauen, diese einzusetzen. Es sind dies Verhaltensweisen, die in Organisationen nützlich und gefragt sind. Aus welchen Gründen auch immer, passen einige männliche Verhaltensneigungen besser in die existierenden Apparate als manche weibliche, vor allem, wenn es darum geht, als einflußreich angesehen und geachtet zu werden. Daher heißt es häufig in der Literatur, die Organisation sei männlich.[4]

Männer haben zum Beispiel deutlich weniger Schwierigkeiten, sich abzugrenzen und Nein zu sagen. Daher gelingt es ihnen leichter, sich niederwertigen Aufgaben zu entziehen.

Sie finden nichts dabei, zu fordern und ihren Forderungen Nachdruck zu verleihen. Sie melden ihre Interessen an, und sie scheinen auch zu wissen, wie man das am geschicktesten anstellt.

Sie schachern und tauschen ohne moralische Skrupel. Sie setzen die Macht ein, die sie haben und finden das ganz normal.

Sie preisen sich und ihre Kompetenzen ohne Scham, und sie lassen die Welt teilhaben an ihren Erfolgen. Gern stellen sie ihre Lorbeerkränze zur Schau und sonnen sich in der Bewunderung anderer.

Wenn wir danach suchen, was denn all diesem in den Augen von Frauen oft unverfrorenen Verhalten zugrunde liegt, stoßen wir auf einen Unterschied in den Verhaltensmustern von Männern und Frauen, über den sich viele Autorinnen einig sind.

Männer, die erfolgreich sind und einflußreicher werden wollen, achten stets auf ihren Rangplatz. In jedem Moment ihres Handelns haben sie die Tatsache einer Rangordnung im Hinterkopf, und sie prüfen ihr Verhalten und ihre Beiträge danach, wie sie sich wohl auf ihren Rangplatz auswirken mögen. Sie gehen davon aus, daß ihre Beziehungen zu anderen Menschen hierarchischer Natur sind und sie tun etwas dafür, sich in jeder Hierarchie einen möglichst guten Platz zu sichern. Sie gehen von asymmetrischen Verhältnissen aus und stellen asymmetrische Beziehungen – also solche der Über- und der Unterordnung – her.

Die Linguistin Deborah Tannen hat das in ihren Untersuchungen über Verständigungsprobleme zwischen Männern und Frauen bestätigt gefunden und schreibt:[5]

»Viele Männer begegnen der Welt als Individuum in einer hierarchischen sozialen Ordnung, in der (sie) entweder unter- oder überlegen (sind). In dieser Welt sind Gespräche Verhandlungen, bei denen man die Oberhand gewinnen und behalten will und sich gegen andere verteidigt, die einen herabsetzen und herumschubsen wollen. So gesehen, ist das Leben ein Wettkampf, bei dem es um die Bewahrung von Unabhängigkeit und die Vermeidung von Niederlagen geht.

(...) Ich (...) nähere mich der Welt so, wie viele Frauen es tun: als Individuum in einem Netzwerk zwischenmenschlicher Bindungen. In dieser Welt sind Gespräche Verhandlungen über Nähe, bei denen man Bestätigung und Unterstützung geben und erhalten möchte und Übereinstimmung erzielen will. Man möchte sich davor schützen, von anderen weggestoßen zu werden.«

Um Einfluß, Sichtbarkeit und Anerkennung zu bekommen, erscheint das männliche Verhalten erfolgversprechender.

Anpassung droht

Es sieht so aus, als sei die Organisation von Männern erfunden und für Männer gemacht. Und an die sich nun anpassen? Nein, denn: »Da verlieren wir uns selbst!« »Da werden wir wie die Männer.« »Ich will schließlich ich selbst bleiben.«

Die Sorge ist nicht aus der Luft gegriffen. Wenn Sie anders als bisher in Ihrer Organisation mitmischen wollen, wird Sie das verändern. Manche dieser Veränderungen, die wir an erfolgreichen und hoch sichtbaren Frauen wahrnehmen, sind nicht nur einladend.

Die Frage ist, welche Alternativen sehen Sie? So sehr viele Möglichkeiten gibt es nicht. Sie können sich einlassen auf die Berufswelt, die Sie vorfinden, mit den Regeln, nach denen dort gespielt wird. Dann wird dieses Mitspielen Sie verändern. Die Hoffnung ist, daß nicht nur Sie selbst sich wandeln, sondern daß Ihre Arbeit und Ihr Einfluß auch in der Organisation etwas bewirken. Die Sozialpsychologie lehrt uns, daß der zukünftige Leiter einer Gruppe, der die Gruppennormen ändern möchte, diese zunächst besonders genau befolgen muß. Dann kann er sie auch verändern.

Über externe Berater, deren Aufgabe es ist, Veränderungsprozesse zu initiieren, wissen wir, daß sie einerseits in das System hineinpassen müssen, das sie beeinflussen wollen. Sonst bleiben sie ohne Einfluß. Sie sollten sich andererseits aber auch genügend unterscheiden, um als Dorn im Fleische der Organisation wirken zu können.

Die Erfahrung hat jedoch gezeigt, daß die Arbeit in einer Organisation sozialisierende Wirkung hat. Am Ende ist dem Agenten des Wandels unter Umständen seine vormals widerständige Position verlorengegangen, und er ist zu einem braven Konformisten des Systems geworden.

Das könnte auch Frauen, die das Spiel mitspielen, zustoßen. Ihre Standpunkte, ihr Stil, ihre frauenspezifischen Eigenheiten könnten ihnen abhanden kommen.

Darin liegt die Gefahr.

Was wäre die Alternative? Sie besteht auf den ersten Blick darin, das Sich-Einlassen zu verweigern in der Hoffnung, auf diese Weise authentisch bleiben zu können. Aber diese Hoffnung trügt. Das, was wir authentisch nennen, ist erlernt und erworben. Wir können unsere Authentizität nicht einfrieren und auf diese Weise frisch und unverändert halten. Auch das Sich-Nicht-Einlassen wird uns verändern. Niederlagen werden uns beeinflussen und das Gefühl, daß unsere Arbeit nicht angemessen honoriert wird, wird uns frustrieren.

Wenn Sie keine Entfaltungsräume bekommen, werden Sie defensiv und verdrießlich, und wenn Ihre Ideen keine Chance bekommen, wird Ihnen eines Tages nichts mehr einfallen.

Wie könnte es gehen?

Frauen sollten nicht auf eine neue Organisation ihres Unternehmens oder ihrer Einrichtung warten, um dort ihre Vorzüge entfalten zu können. Es kann zu lange dauern, bis sie kommt – möglicherweise kommt sie nie.

Schon einmal ging das Gerücht um, die hierarchiearme, teamorientierte Organisation der Zukunft werde den besonderen Möglichkeiten der Frauen endlich Raum bieten. Was ist tatsächlich geschehen? In vielen Betrieben und Einrichtungen geschah gar nichts. In einigen fielen Aufstiegsmöglichkeiten für Frauen der Enthierarchisierung zum Opfer und sichere Arbeitsplätze wurden im Zuge der Deregulierung in unsichere umgewandelt.

In manchen haben die Frauen bessere Chancen bekommen.[6] Es ist zu unsicher, auf diese Innovation zu vertrauen.

Neuberger (2001) weist in seiner Untersuchung des Verhältnisses zwischen Individuum und Organisation auf folgendes hin: Die Routinen, Abläufe und Prozeduren, aus denen eine Organisation letztlich besteht, geben vor, was wie zu geschehen hat. Gleichzeitig existieren Gestaltungsspielräume in der Art und Weise, wie die einzelne Person mit diesen Vorgaben umgeht.

Es gibt also immer Normen, und es gibt Freiräume. Wenn es Frauen gelänge, Positionen und Funktionen zu besetzen, indem sie nach den Regeln spielen – auch wenn es nicht die ihren sind –, dann könnten sie die so eroberten Spielräume nach und nach mit eigenen Vorstellungen füllen – vorausgesetzt, sie haben sich ihre Werte und Standpunkte auf dem Weg durch die Institution erhalten. Das bedarf der Unterstützung, zum Beispiel durch Frauengruppen, durch Netze, durch Supervision – Arrangements, in denen sie laut über sich selbst, ihre Erfahrungen und ihr Verhalten nachdenken können und ehrliche Rückmeldungen erhalten. Dort bekommt die Frau gespiegelt, wie sie sich verändert. Und sie wird mit dem Wandel ihrer Ziele und Positionen konfrontiert.

Vielleicht wäre es eine große Innovation in jeder Organisation, wenn Frauen sich dafür entschieden, ernsthaft mitzuspielen. Das wäre wirklich etwas Neues!

Lohn und Preis

Wie auch immer andere diese Ambivalenzen betrachten und bewerten – die Entscheidung bleibt die Ihre.

»Natürlich bin ich etwas härter geworden«, sagt eine hohe Vorgesetzte, »aber das ist es mir wert. Das nehme ich in Kauf.« Sie hat sich entschieden.

Keine Frau, die über ihr berufliches Schicksal nachdenkt, kommt um diese Güterabwägung herum. Denn wie immer Sie sich entscheiden, Sie gewinnen und Sie verlieren. Wenn Sie nicht mitmischen wollen, dann sind Sie auf Dauer vielleicht frustriert. Oder Sie suchen sich einen fachlich interessanten Platz, werden nicht beschädigt, verzichten aber auf viele Einflußmöglichkeiten. Wenn Sie beginnen, sich für Strategie und Taktik zu interessieren, verlieren Sie möglicherweise an Spontaneität. Wenn Sie gern spontan bleiben möchten, werden Sie manches Spiel nicht gewinnen.

Kein anderer kann Ihnen sagen, wie Sie es machen sollen. Denn wie Sie Sichtbarkeit und Einfluß bewerten, ist Ihre Entscheidung. Was Sie tun und was Sie lassen, worum Sie sich bemühen und worauf Sie verzichten – jede Entscheidung hat ihre Folgen, und jede wird Sie verändern.

TEIL I

Vor dem Hintergrund der Organisation

Wer einflußreicher und sichtbarer werden möchte, kommt an der Organisation nicht vorbei. Sie bildet den Kontext, in dem Sie anderen Menschen begegnen. Und sie beeinflußt diese Begegnung. Wenn Sie an Einfluß gewinnen, geschieht das in der Organisation und durch sie.

Es ist gut, den Apparat zu kennen und sich nach Möglichkeit seiner zu bedienen.

Einfluß in großen, komplexen Organisationen läßt sich betrachten als die Möglichkeit »to get things done«, d. h. die eigene Arbeit zügig tun zu können, Projekte voranzubringen, Aufträge abzuarbeiten und Vorhaben in die Tat umzusetzen.[1] Die individuellen Spielräume sind oft so klein, die Abhängigkeit von anderen und deren Arbeit ist meistens so groß, daß wir immerzu auf andere angewiesen sind, um arbeiten zu können. Wir brauchen ihre Mitwirkung und ihre Ressourcen, um die eigenen Spielräume zu vergrößern.

Das gilt übrigens auch für hierarchisch hochstehende Positionen. Geoffrey Bellman berichtet in der Einleitung zu seinem Buch: »*Gettings Things Done When You Are Not In Charge*«, daß Vorgesetzte seine Ankündigung, er würde zu diesem Thema etwas schreiben, mit den Worten kommentierten: »Ach, gerade das Richtige für mich!« Trotz ihrer hierarchischen Macht fühlten sie sich in allzuviele Abhängigkeiten verstrickt, wenn es darum ging, Vorhaben zu verwirklichen. Die vielen anderen Beteiligten, die ihrerseits aktiv werden und entscheiden müssen, damit wir mit unserer Arbeit vorankommen, verurteilen uns zum Warten, zum Nachfragen, zu mehrfachen Anläufen. Man nennt dieses Phänomen »Interdependenz«, d. h. wechselseitige Abhängigkeit. Wer Status und Einfluß akkumuliert, verringert sie. Aufheben läßt sie sich nicht.

Wenn Sie Einflußnahme unter diesem Blickwinkel betrachten, können Sie sich vielleicht eher damit befreunden. Macht und Einfluß sind nicht persönliche Kennzeichen, sondern Bestandteil der sozialen Struktur unserer Organisationen.

Nicht nur das Schicksal Ihrer Arbeitsvorhaben hängt von Ihrem Einfluß ab. Auch Ihre »Behandlung« durch Gleich- und Höherrangige im täglichen Umgang wird durch den Status und Einfluß bestimmt, den andere Ihnen zuschreiben.

Wieder handelt es sich um eine Wechselwirkung: Nicht nur die formale Position, sondern auch der wahrgenommene Einfluß bestimmt, wie andere Ihnen in der direkten Zusammenarbeit begegnen, wie sie Ihre Verhaltensweisen wahrnehmen und darauf reagieren.

Einerseits. Und andererseits: Die Art und Weise, wie Sie sich z. B. in einer Sitzung zeigen, wie erfolgreich Sie dabei sind, für sich in einer Gruppe einen hohen Rangplatz auszuhandeln, wie Sie sich gegenüber anderen positionieren, bestimmt nicht nur das Verhalten der anderen in dieser Sitzung, sondern wirkt zurück auf Ihren Status insgesamt.

In den nun folgenden Kapiteln geht es um Ihren Einfluß am Arbeitsplatz. Sie sind eingeladen, die Geschehnisse in einer Organisation einmal anders zu verstehen, als Sie es (wahrscheinlich) bisher getan haben. Dadurch werden Sie neue Handlungsoptionen gewinnen.

Jedes Kapitel setzt einen anderen Schwerpunkt. Zunächst wird anhand eines Beispieles geschildert, wie in einer Organisation Interdependenz entsteht, wie nämlich verschiedene Faktoren zusammenwirken und dadurch Möglichkeiten eröffnet oder Chancen gemindert werden.

In den darauf folgenden Abschnitten geht es um verschiedene Ansätze, wie diese Zuteilung von Chancen gesteuert werden kann: durch Beeinflussung von Entscheidungen, durch den Erwerb von »Dienstwissen« und durch den gezielten Aufbau von Beziehungen. Jeder Abschnitt enthält einen grundsätzlichen Teil, mindestens eine Fallgeschichte und beispielhaft die Veranschaulichung eines Hilfsmittels. All diese Hilfsmittel dienen auf unterschiedliche Art der Distanzierung: sie unterstützen Sie dabei, Ihre Organisation und sich selbst zu verstehen.

In Organisationen werden Chancen verteilt – nicht nur nach Leistung

Sichtbarkeit, Status und Anerkennung werden durch Personen verteilt, und sie werden zwischen Personen ausgehandelt. Aber nicht nur konkrete Personen sind von Bedeutung: Die Organisation – der Betrieb, die Verwaltung, das Amt, die Institution – spielt bei dieser Verteilung kräftig mit. In ihr werden Chancen verteilt – die Chance z. B., sichtbarer zu werden, Anerkennung zu bekommen, aufzusteigen, mehr Geld zu verdienen, einflußreicher zu werden. Wie das geschieht, ist oft nicht leicht herauszufinden, denn das, was wir sehen, sind die Personen. Aber sie sind oft nur Ausführende.

Die Abläufe und die Regelungen in einer Einrichtung, die Routinen einer Firma, die Vorschriften einer Verwaltung produzieren gewissermaßen als Nebenprodukt, jedenfalls undeklariert und auf geheimnisvollen Wegen, solche Chancen.

Leider sind Organisationen keineswegs geschlechtsblind. Auch wenn in ihren offiziellen Verlautbarungen zu lesen ist, sie seien – wie die angeblich blinde Justitia der Gerechtigkeit – allein der Leistung verpflichtet, so ist dies bestenfalls eine Selbsttäuschung. Die Forschung belehrt uns eines »Besseren«: Von A bis Z geht die Organisation mit ihren männlichen Mitarbeitern anders um als mit ihren weiblichen. »A« steht dabei für Rekrutierung und »Z« für Führungskräfteentwicklung.

Nicht nur praktizieren Organisationen horizontale Arbeitsteilung – oben Männer, unten Frauen – und vertikale Arbeitsteilung: Frauenarbeitsplätze und Männerarbeitsplätze. Männerarbeitsplätze werden außerdem besser bezahlt, Männer werden häufiger gefördert und haben mehr Chancen, sich zu qualifizieren. Die Arbeit weiblicher Mitarbeiter wird strenger bewertet als die ihrer männlichen Kollegen. Sobald ein Arbeitsbereich – und sei es auch nur eine vorübergehend eingesetzte Arbeitsgruppe – überwiegend weiblich besetzt ist, verliert er an Status und Attraktität.[2]

Daß die Organisation diese Unterschiede produziert, und wo nicht produziert, so doch aus unserer Gesellschaft übernimmt und fortschreibt, wird zwar immer noch von einigen Menschen bestritten. Denn die Möglichkeiten des Menschen, Tatsachen, die ihm nicht passen, zu leugnen, sind geradezu unbegrenzt.

Halten wir uns also nicht mit Überzeugungsversuchen auf, sondern wenden wir uns der interessanteren Frage zu: **wie** geschieht das? Wie, wenn doch keine Täter auszumachen sind, entsteht diese unterschiedliche Behandlung von Männern und Frauen? Wie kommen die Unterschiede bei der Vergabe von Chancen zustande?

Lassen Sie mich den Prozeß der Produktion von Unterschiedlichkeit an einem Beispiel nachzeichnen.

Ist das Forschungsinstitut wirklich geschlechtsblind? Eine Fallgeschichte[3]

Das Institut ist Teil einer großen Forschungsgesellschaft. Es betreibt Auftragsforschung, d. h., es erhält Aufträge, meist aus der Industrie, und wird dafür bezahlt. Das Institut finanziert sich ausschließlich über diese Forschungsaufträge, von ihnen hängt seine Existenz ab.

Die Gesamtleitung liegt in den Händen eines Gremiums, das nur aus Männern besteht. Darunter ist das Institut in Bereiche mit unterschiedlichen inhaltlichen Forschungsschwerpunkten aufgegliedert. Innerhalb der verschiedenen Forschungsbereiche arbeiten Projektgruppen als Teams an den einzelnen Aufträgen.

Es gibt befristete und unbefristete Stellen. Die meisten sind befristet. Die befristeten Stellen sind zum größten Teil Qualifikationsstellen, d. h., von den Stelleninhabern wird erwartet, daß sie innerhalb der Fünf-Jahres-Frist eine Dissertation schreiben.

Wegen der befristeten Stellen ist die Fluktuation groß. Diejenigen, die die Stellen verlassen, wechseln entweder auf eine der wenigen unbefristeten Plätze innerhalb des Instituts, oder sie wechseln auf eine gute Position außerhalb des Instituts, oder sie stehen dem Arbeitsmarkt wieder zu Verfügung – um einige Forschungserfahrung reicher und mit Glück promoviert.

Es gibt keine Vorbehalte gegen Frauen. Männer und Frauen werden in gleicher Weise eingestellt, es zählen wissenschaftliche Qualifikation, Leistungsbereitschaft und -fähigkeit. Im Jahr vor der Untersuchung waren 45 Prozent der Neueinstellungen Frauen, so daß im Institut schon scherzhaft davon gesprochen wurde, eine Männerquote einzuführen …

Das Arbeitsklima ist gut, offen und informell. Die Ansprüche sind zwar hoch, aber das wird eher als Herausforderung gesehen. In den Augen der dort Arbeitenden hat das Institut etwas durchaus Familiäres.

Dennoch stehen die Frauen am Ende schlechter da. Wenn ihre Stelle abgelaufen ist, werden nicht sie, sondern Männer auf unbefristete Positionen innerhalb des Instituts übernommen, bekommen nicht sie, sondern Männer interessante Angebote von außerhalb, haben mehr Männer als Frauen ihre Dissertation abgeschlossen.

Mehr Frauen als Männer stehen nach Ablauf der fünf Jahre einfach auf der Straße und müssen sehen, wo sie als nächstes unterkommen.

Innerhalb dieser Frist werden in dieser Organisation Chancen verteilt, und sie werden zuungunsten der Frauen verteilt. Wie geschieht das?

Zum Glück für uns und unseren Erkenntnisgewinn hat Frau Wimbauer (1999) die Angelegenheit erforscht. Dabei zeigt sich:

Es gibt informelle Erfolgskriterien im Institut, d. h. solche, die nirgends nachzulesen sind, aber trotzdem gelten. Diese Kriterien sind: Akquisition von Projekten und Außenaktivitäten wie Vorträge, Beteiligung an Tagungen etc. Wer Aufträge einbringt und wer viele Außenkontakte hat, ist für das Institut und sein Überleben besonders wertvoll. Das ist leicht einzusehen. Bei der Entscheidung, wem eine der wenigen unbefristeten Stellen angeboten werden solle, spielt natürlich die Frage: »Von wem profitiert das Institut am meisten?« eine wichtige Rolle. Diese Kriterien werden von einzelnen Männern besser erfüllt als von Frauen.

Wie schaffen die das?

Es gibt noch eine zweite Entwicklungsmöglichkeit: Mehr Männer als Frauen bekommen noch innerhalb der Fünf-Jahres-Frist ein interessantes Angebot von außerhalb, in der Regel von einem Kunden des Instituts. Für Männer viel häufiger als für Frauen tritt der »Pater-Noster-Effekt«[4] ein: Sie verlassen ihre Stelle, stehen aber nicht auf der Straße, sondern werden in höhere Stockwerke hinaufbefördert.

Wie schaffen die das?

Das Ergebnis kommt nicht durch einzelne Personen, ihre Vorurteile oder Abneigungen zustande, sondern durch das Zusammenwirken verschiedener institutsinterner Bedingungen und Gegebenheiten. Gemeinsam produzieren diese das Resultat.

Faktor 1: Männer erfahren viel schneller als Frauen von der Existenz informeller Bewertungskriterien. Sie interessieren sich mehr für solche Fragen als Frauen und sind rascher an die existierenden Netzwerke angeschlossen. In ihnen wird diese Art von »Dienstwissen« gehandelt.

Faktor 2: Projektleiter haben die beste Möglichkeit, langfristige Kundenkontakte aufzubauen und neue Projekte zu akquirieren. Ihnen stehen mehr Ressourcen zur Verfügung. Damit sind sie Schlüsselpositionen sowohl für institutsinternen als auch -externen Aufstieg. Wenn die Projektleitung Männern angeboten wird, zögern sie weniger als Frauen, ihr Glück zu versuchen. Frauen haben mehr Skrupel und Sorgen, sie könnten es nicht schaffen.

Faktor 3: Im Unterschied zu Frauen fragen Männer nach der Projektleitung und fordern sie ein. Frauen tun das selten.

Faktor 4: Da die Dissertation neben der Projektarbeit geschrieben werden muß, liegt es beim einzelnen, sich dafür Zeit freizuschaufeln. Frauen fühlen sich mehr für die Projektarbeit verantwortlich als die Männer im Team. Es fällt ihnen schwerer, Wünsche anderer abzulehnen, sie übernehmen leichter zusätzliche Arbeiten, weil sie nicht nein sagen können. Daher bleibt ihnen weniger Zeit für eigene Vorhaben.

Wenn wir also überlegen, wie die Ungleichverteilung von Chancen auf eine unbefristete Position zustande kommt, dann wird deutlich:

Die Überlebensinteressen der Organisation, ihre besonderen Arbeitsbedingungen und ihre inoffiziellen Erfolgskriterien treffen auf unterschiedliche Verhaltensneigungen von Männern und Frauen. Im Zusammenspiel bringen diese Faktoren die Bevorzugung von Männern hervor.

Nicht viel anders verhält es sich bei der zweiten Ungleichheit: der Chance auf ein interessantes Jobangebot von außerhalb.

Die Außendarstellung gehört mit zu den Aufgaben der Projektleiter. Wer das Institut beim Kunden vertritt, lernt natürlich diese Kunden kennen und hat die Möglichkeit, sich selbst zu präsentieren. Der Projektleiter gestaltet und pflegt die Außenkontakte. Dadurch gestaltet er zugleich seine eigene Zukunft.

Sichtbarkeit außerhalb des Instituts entsteht auch durch Vorträge und Veröffentlichungen. Beide Aktivitäten setzen freie Zeit und/oder Ressourcen in Form von Hilfskräften voraus. Da allein die Projektleitung, nicht aber die Projektmitarbeiterinnen, Hilfskräfte einsetzen können, haben die Projektleiter bessere Möglichkeiten, sich für ihre Publikationen und Vorträge Freiräume zu schaffen. Diese Chancen steigen, wenn Sie daran denken, daß es Frauen schwerer fällt als Männern, sich abzugrenzen. Kein Wunder, daß die Publikationslisten der Frauen im Institut kürzer sind und es für sie seltener interessante Stellenangebote gibt.

»Wir sind eine große Familie«
Ein Organisationsmodell und seine Folgen

Viele Frauen befassen sich nicht gern mit Organisationen. Ich habe manchmal junge Kolleginnen in einer Weiterbildungsveranstaltung gebeten, zum Thema »Organisation« zu malen oder zu assoziieren. Dabei kam häufig Düsteres zutage. Dunkle Labyrinthe und finstere Moloche wurden zu Papier gebracht. »Unheimlich, unpersönlich, undurchschaubar« waren Begriffe, die Frauen in den Sinn kamen.

Viele machen es sich in der Organisation gemütlich, indem sie auf das Bild von der großen Familie – das oft vom Management angeboten wird – eingehen. Die Überschaubarkeit, die Geborgenheit und der Primat der persönlichen Beziehung, die mit diesem Bild transportiert werden, entsprechen ihren Bedürfnissen.

Primat der Beziehung

Wer die Organisation als große Familie ansieht, die in erster Linie durch persönliche Bindungen zusammengehalten wird, erlebt bittere Enttäuschungen. Wer die Organisationseinheiten als isolierte Familienverbände betrachtet, unterschätzt die Bedeutung der Außenwelt. Wer vergißt, daß auch das Binnenklima der Familie vor allem durch gesamtgesellschaftliche Entwicklungen geprägt wird, überschätzt auf der einen Seite die eigenen Gestaltungsmöglichkeiten und investiert möglicherweise an der falschen Stelle. Andererseits besteht die Gefahr, sich für Probleme und Entwicklungen verantwortlich zu fühlen, die gänzlich außerhalb des eigenen Wirkungskreises entstanden sind.

Dem Familienmodell entspricht es, wenn Frauen die Beziehung zu ihrem Vorgesetzten töchterlich gestalten. Sie sehen den strengen, aber gerechten Vater, der zwar Leistung fordert, aber das Geleistete auch sieht und würdigt, Lob und Tadel dann nach Verdienst verteilt. Sie verhalten sich nach dem Glaubenssatz: »Der Vater wird sorgen (und mich versorgen).« Nicht nur das – die Vater-Tochter- Beziehung legt den Töchtern ein enges Korsett des Wohlverhaltens an.

In unserem Fall erwarten die wissenschaftlichen Mitarbeiterinnen des Instituts, dafür belohnt zu werden, wenn sie ihre Aufgaben innerhalb des Projektteams vorbildlich erfüllen, wenn sie sich für die Erledigung der Projektarbeit verantwortlicher fühlen als andere, wenn sie weniger an ihre eigenen Interessen (Dissertation) denken und mehr an die gemeinsame Aufgabe.

Es fällt ihnen nicht ein, ihr Fortkommen selbst in die Hand zu nehmen, sich z. B. danach zu erkundigen, was sie denn tun müßten, um im Institut voranzukommen. Sie gehen von der Annahme aus, daß ihre beruflichen Chancen in erster Linie von ihrer wissenschaftlichen Leistung als Projektmitarbeiterin abhängen. Diese Annahme ist ihnen so selbstverständlich, daß sie sie nicht einmal benennen könnten, wenn sie danach gefragt würden. Es fällt ihnen gar nicht ein, daß »Leistung« vielleicht noch anders definiert sein könnte.

Spätestens bei Ablauf des Arbeitsvertrages stellen sie fest: kein Vater hat sie versorgt, und die Familienmitglieder haben mittlerweile ihre eigenen Schäfchen ins Trockene gebracht.

Organisationen sind keine Familien; die Mitarbeiter und Mitarbeiterinnen werden nicht nach ihrer Tüchtigkeit entlohnt; Abwarten und fleißiges Arbeiten werden nur in bescheidenem Umfang honoriert.

Oft müssen wir fordern, was wir möchten. Wir müssen lernen zu fordern. Und wir müssen lernen, das Richtige zu fordern, das, was unseren Einfluß und unsere Sichtbarkeit erhöht. Dieser Lehrplan ist in keinem Einarbeitungsprogramm verzeichnet. Wir müssen ihn uns selbst erarbeiten.

Der verengte Blick

Viele sind damit zufrieden, sich auf ihren unmittelbaren Arbeitsbereich zu konzentrieren. Dort haben sie den Überblick, und dort nehmen sie Einfluß und gestalten mit.

Sie entsprechen damit genau dem Bild, das eine schon ältere, aber vielzitierte Untersuchung von weiblicher Autorität im Betrieb zeichnet.[5] Die Verfasser haben herausgefunden (allerdings in einer Fallstudie mit ziemlich wenigen Fällen!), daß Männer und Frauen ihre Führungsrolle offenbar nach ganz archaischen Vorbildern gestalten. Die Frauen, so heißt es, fühlen sich zuständig für den inneren Bereich. Sie kümmern sich um ihre Mitarbeiter und Mitarbeiterinnen, um deren Leistung und deren Versorgung, aber auch um das Klima in der Abteilung –

genau wie die Frauen in sehr lang vergangenen Zeiten zuständig waren für die Erhaltung des Feuers, die Ausgestaltung der Höhle und die häusliche Versorgung der Familie.

Der Mann dagegen bewacht die Grenzen zwischen dem Familienbereich und der feindlichem Umwelt, verteidigt die Familie, zieht aber auch hinaus, um Beute zu machen und um sich mit anderen Stammesangehörigen zu treffen. Dieser Aufgabenteilung entsprechend fanden die Autoren, daß männliche Führungskräfte den Blick eher nach außen als ins Innere ihres Bereichs richteten, sich eher für Vorgänge außerhalb ihrer Zuständigkeiten und deren Bedeutung für den Innenbereich interessierten und sich – bildlich gesprochen – eher an der Grenze aufhielten als im Zentrum.

Frauen, die sich auf ihren Zuständigkeitsbereich konzentrieren und die Organisationsumwelt ausblenden, (oder sich ihr jedenfalls nicht zuwenden), sehen nicht, daß Ereignisse und Prozesse in Organisationen miteinander verknüpft sind; daß sie und ihre Arbeit von Entscheidungen beeinflußt sein können, die in weit entfernt liegenden Organisationsbereichen getroffen wurden.

Es ist allerdings nicht auszuschließen, daß Vorgesetzte und männliche Konkurrenten mit dieser »Binnenorientierung« der Frauen nicht nur zufrieden sind, sondern sie womöglich darin bestärken – so, wie unsere Ahnfrauen vielleicht die Feuer nicht nur aus eigenem Antrieb gehütet haben, sondern von den männlichen Familienmitglieder durchaus darin bestärkt wurden.

Um so wichtiger, sich die Grenzen dieses Bildes von Organisation vor Augen zu führen: Das Familienmodell ist nicht nur beziehungsorientiert, es ist auch eng, zu eng. Das, was mit diesem Modell in unser Blickfeld rückt, ist ein kleiner Ausschnitt. Dieser reicht oft nicht aus, um angemessen zu verstehen, was geschieht, um die Folgen abschätzen zu können und um möglicherweise Gegenmaßnahmen zu planen und auf den Weg zu bringen.

Handlungsoptionen gewinnen – eine Spielerei mit Systemgrenzen

Eine einfache und praktische Möglichkeit, Situationen anders zu deuten und damit neue Handlungsoptionen zu gewinnen, besteht darin, den ins Auge gefaßten Systemausschnitt zu verkleinern oder zu vergrößern.

Die Organisation wird als eine Ansammlung von Elementen betrachtet, die miteinander in einer Wechselwirkung stehen, die sich also gegenseitig beeinflussen. Ein System kann angesehen werden als ein großes Netz mit vielen Knoten. Wenn an einer Stelle in das Netz eingegriffen wird, ist das auch in allen anderen Teilen des Netzes spürbar.

Die Grenzen des Systems setzen wir willkürlich, denn natürlich ist die betrachtete Organisation nicht allein auf der Welt, sondern mit anderen Organisationen, mit Kunden, mit Geldgebern, mit Gesetzgebern, mit Konkurrenten verbunden und von diesen beeinflußt.

Die Grenzen des Systems – d. h. den Ausschnitt, dem wir uns gerade zuwenden wollen – können wir ziemlich willkürlich bestimmen.

Am Beispiel des oben genannten Forschungsinstituts läßt sich aufzeigen, was die Verschiebung von Systemgrenzen leistet und was nicht: Durch das Verengen oder durch das Erweitern des Blicks geraten bestimmte Faktoren ins Visier; mit Hilfe eines anderen Blickwinkels können wir Ereignisse unterschiedlich deuten; die Deutungen eröffnen jeweils andere Handlungsoptionen.

Die Verschiebung der Systemgrenzen nimmt Ihnen nicht die Entscheidung darüber ab, welchen Weg Sie einschlagen wollen; sie vergrößert nur Ihre Wahlmöglichkeiten.

Frage: Wie bekommen Sie als Wissenschaftlerin in einer Projektgruppe mehr externe Kontakte?

Hier sehen Sie nur ein einziges Systemelement, nämlich sich selbst. Sie geben sich und Ihrem Verhalten die Schuld daran, daß Sie im Unterschied zu Kollegen nur wenige Außenkontakte haben, obwohl Sie wissen, wie wichtig diese sind.

Handlungsoption:

Sie nehmen sich vor, Ihr eigenes Verhalten zu verändern.

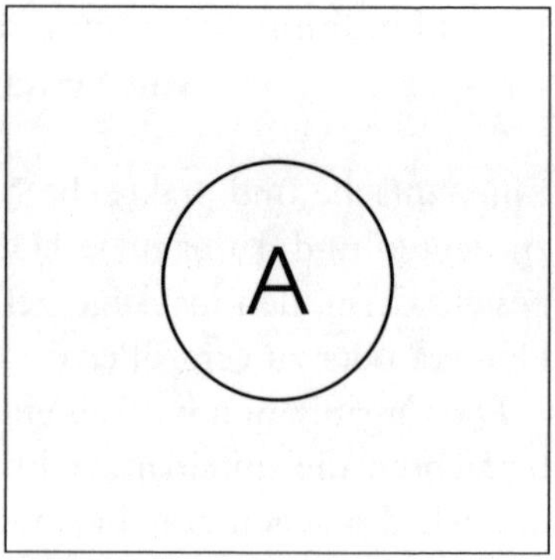

Ausschnitt 1:
Die eigene Person

Sie vermuten ein Problem zwischen sich und Ihrem Kollegen. Mißgönnt er Ihnen Außenkontakte? Deckt er Sie gezielt mit anderen Arbeiten ein?

Handlungsoptionen:

1. Sie nehmen sich vor, sich besser durchzusetzen.
2. Sie planen, Ihren Kollegen mit seinem Verhalten zu konfrontieren.

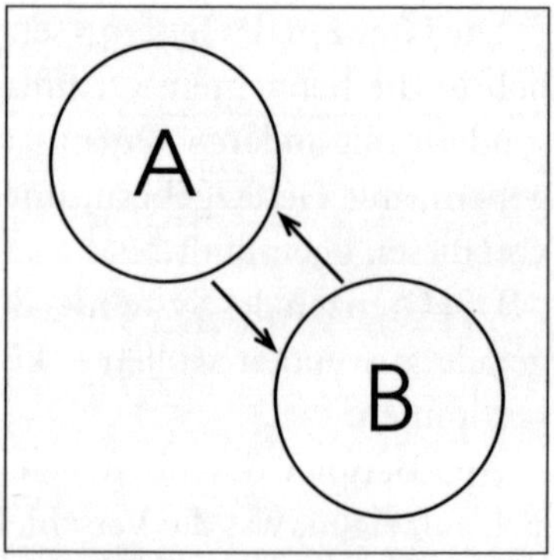

Ausschnitt 2:
Sie selbst und Ihr Teamkollege

Wenn Sie sich die Arbeitsteilung im Projektteam anschauen, fällt Ihnen auf, daß Sie im Vergleich zu anderen umfangreichere Aufgaben bekommen haben.

Handlungsoption:

Sie bringen das Thema »interne Arbeitsteilung« bei der nächsten Teamsitzung zur Sprache.

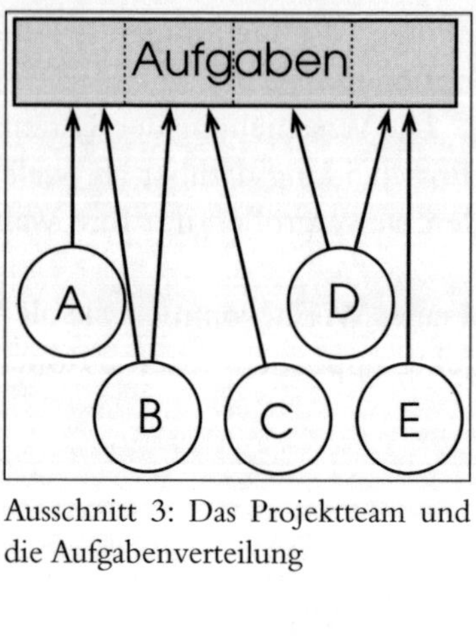

Ausschnitt 3: Das Projektteam und die Aufgabenverteilung

Wenn Sie den Systemausschnitt in dieser Weise vergrößern, sehen Sie, daß mit der Verteilung der Aufgaben auch die Chance zu seltenen oder häufigeren Kundenkontakten verbunden ist.

Handlungsoptionen:

Sie können nun die Aufgabenverteilung zusätzlich unter dieser Perspektive problematisieren und als Ziel nicht nur eine Entlastung anstreben, sondern auch die Übernahme von Aufgaben, die engeren Kundenkontakt erfordern.

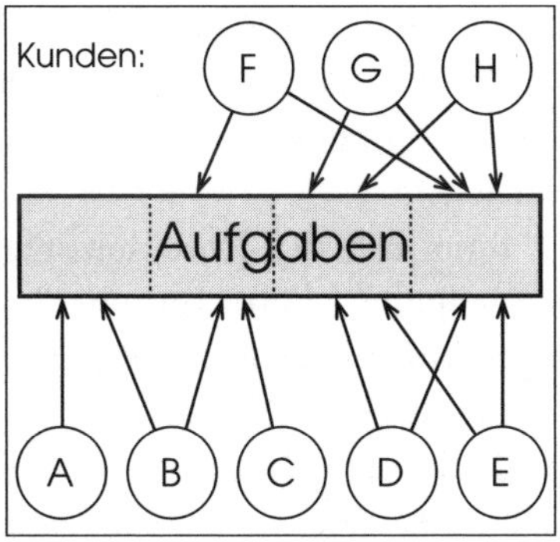

Ausschnitt 4: Projektteam, Aufgabenverteilung, Kundenkontakte

In der Regel wählen wir den Systemausschnitt zu klein. Dadurch besteht die Gefahr, das Problem zu personenbezogen zu sehen; eigenes Verschulden oder ein »Beziehungsproblem« bieten sich als Ursachen an. Mögliche Bundesgenossen geraten nicht ins Blickfeld und können nicht aktiviert werden. Die Handlungsoptionen sind eingeengt auf Selbstverbesserung oder Beziehungsklärung. Das ist nicht genug.

Mythos Rationalität

Eigentlich sollten Entscheidungen vernünftig sein, dem Interesse der Firma oder der Einrichtung dienen, die geltenden Gesetze zur Richtschnur nehmen und vor allem: der Sache förderlich sein.

Natürlich werden Entscheidungen auch so begründet: »Wir würden gern, aber die Vorschriften erlauben es leider nicht.« Oder: »Im Interesse des Betriebs konnte unsere Entscheidung nur so ausfallen.« Oder: »Die Sachlage ist eindeutig. Unser Handeln ist uns vorgegeben.«

Häufig ist aber die Sachlage nicht eindeutig; die Vorschriften lassen Ermessensspielräume zu und über die Betriebsinteressen ließe sich diskutieren. Diese »Freiräume« werden gefüllt. Es gibt Vorlieben und Abneigungen, unterschiedliche Interessen, persönliche Präferenzen, Fraktionen und Parteien mit je eigenen Zielen.

Innerhalb der Ermessensspielräume versuchen ganz unterschiedliche Kräfte, Entscheidungen zu befördern, zu verhindern, umzulenken, zu verschieben.

Das Ergebnis ist nicht so sehr sachrational als vielmehr das Produkt einer Rangelei – eines Aushandlungsprozesses, etwas würdiger gesprochen. Für viele Akteure in Organisationen ist diese Tatsache sehr schwer zu akzeptieren.

Es wäre doch zu schön, wenn Entscheidungen rational gefällt würden!

Wir könnten dann auf einen einzigen Einflußkanal setzen, nämlich auf das sachliche Argument. Wir brauchten uns nicht selbst darzustellen, wir müßten nicht taktieren und Verbündete suchen, es bedürfte keiner Verkaufsanstrengungen – denn nur die Sache würde zählen. All diese Strategien sind vielen – natürlich nicht allen – Frauen nämlich recht zuwider. Daher setzen sie gern auf die Rationalität einer Organisation. Sie lassen sich auch durch zahlreiche dieser Annahme widersprechende Erfahrungen nur schwer von ihrer Überzeugung abbringen.

Wenn ihre Erwartungen nicht erfüllt werden, wenn sie sich trotz guter Sachargumente – mal wieder nicht – durchsetzen konnten, sind sie – je nach Temperament – verletzt und empört oder niedergeschlagen. Sie suchen den Fehler bei sich oder halten die Entscheider für inkompetent.

Obwohl uns die Vernunft, die technischen Möglichkeiten, fachliche Überlegungen als Begründung für Entscheidungen angeboten werden, erleben wir allerorten, daß diese Beschlüsse häufig vor allem Ausdruck von Kräfteverhältnissen sind und daß sich ohne Macht in den Apparaten nichts bewegen läßt.

Stellen Sie sich Ihre Organisation doch einmal als eine Arena politischen Handelns vor. Es gibt herrschende Meinungen und wechselnde Kräfteverhältnisse, je nach Thema und Art der Entscheidung. Es gibt strategische Allianzen, Zusammenschlüsse, um ein bestimmtes Ziel zu erreichen; es gibt je nach Gremium wechselnde Bündnisse. Es gibt unterschiedliche Interessen; manche setzen sich eher durch als andere. Es gibt Verhandlungen, in denen der Ausgleich zwischen den verschiedenen Interessen gesucht wird.

Jeder ist sowohl Wähler als auch Politiker. Sie auch. Sie können beschließen, andere zu unterstützen, Sie können auch versuchen, andere für Ihr Vorhaben zu gewinnen.

Sie sind ein Player, ob Sie mitmachen oder nicht!

Spielen Sie aktiv mit – denn Sie sind ein Player, ob Sie es wollen oder nicht. Wenn Sie erklären: »Für mich zählt nur die Sache«, dann verhalten Sie sich wie die Wahlberechtigten, die nicht wählen und damit anderen, die sich aktiv für ihre Ziele einsetzen, das Terrain überlassen. In Auseinandersetzungen unterstützen die Schweigenden durch ihr Schweigen immer die Stärkeren.

Wenn Sie versuchen, Entscheidungen aktiv zu beeinflussen, und wenn Sie versuchen, den Apparat für Ihre Zwecke einzuspannen, bedeutet das noch längst nicht, daß Sie unmoralisch handeln.

Natürlich klingt es nicht besonders gut, wenn von jemandem gesagt wird: »Der verhält sich ja nur strategisch.« Dem Betreffenden wird damit unterstellt, er sei bereit, alles zu tun, wenn es ihn nur seinem Ziel näherbringt. Er habe keine Überzeugungen, keine Werte, keinen inhaltlichen Standpunkt, sondern sei nur auf seinen Vorteil bedacht.

Aber deswegen auf jede Einflußnahme verzichten? Das hieße doch, das Kind mit dem Bade auszuschütten. Denn erstens handelt es sich bei der oben zitierten Behauptung häufig um eine gezielte Unterstellung, dazu gedacht, jemanden in Mißkredit zu bringen und damit zu schwächen. Und zweitens haben Sie es selbst in der Hand, was Sie tun. Sie können entscheiden, wo Sie sich anpassen und wo Sie Ihren Standpunkt vertreten wollen; Sie wissen selbst am besten, auf welchen Bedingungen Sie beharren müssen, damit die Fachlichkeit nicht gefährdet ist, und wo es Verhandlungsspielräume gibt.

Viele Frauen lehnen allerdings die Möglichkeit, »Politik zu machen«, um ihre Vorhaben voranzubringen, mit großer Vehemenz ab. Sie empfinden schon die Anregung dazu als Zumutung. Sie rufen: »Ich lasse mich doch nicht verbiegen!«, als seien sie sogleich von einer irreversiblen Beschädigung ihrer Persönlichkeit bedroht. Die Heftigkeit, mit der politisches Handeln in einer Organisation abgelehnt wird, macht stutzig. Warum diese Alles-oder-Nichts-Haltung? In einer Demokratie zählen die besseren Argumente nur, wenn sich dafür Mehrheiten gewinnen lassen. Im betrieblichen Alltag müssen nicht Mehrheiten, aber es müssen Mächtige gewonnen werden, um Vorhaben voranzubringen. Worin liegt die Bedrohung?

Sie hat wohl vor allem zwei Quellen.

Die eine ist die Sorge, durch Kontakt zu Mächtigen, durch die Auseinandersetzung mit ihnen und das Bemühen um sie korrumpiert zu werden. Allein schon die Beschäftigung mit ihnen gefährdet offenbar die eigene Moral.

Die zweite ist die Sorge, ob Sie es denn könnten – ob Sie politikfähig wären. Sie müßten nicht nur Ideen entwickeln, sondern diese auch vertreten; Sie müßten sich für innerbetriebliche Kräfteverhältnisse interessieren und versuchen, andere auf Ihre Seite zu ziehen; Sie müßten vielleicht Tauschhändel betreiben, Kompromisse eingehen; Sie müßten gezielt Allianzen schmieden, auch mit Personen, die Sie vielleicht nicht mögen – und Sie müßten diese Allianzen wieder lösen; Sie müßten sich kritisieren lassen und andere kritisieren; Sie müßten kämpfen und konfrontieren, sich zeigen und Risiken eingehen. Sie müßten sich für die Interessen anderer interessieren und überlegen, wie Sie Ihr Projekt wem verkaufen könnten.

Vielleicht haben Sie Sorge, das alles nicht zu schaffen? Vielleicht handelt es sich da um Kompetenzen, von denen Sie nicht wissen, ob Sie sie besitzen, die jedenfalls unerprobt sind?

Also halten Sie sich fern von dem Gerangel und ziehen sich auf fachliche Positionen zurück.

Der Preis für diese Abstinenz ist hoch: Sie bleiben naiv und ahnungslos. Und die Chancen für Ihr Vorhaben sinken. Das ist bedauerlich. Eine gute Sache hat dadurch weniger Aussichten, zum Zuge zu kommen. Mehr noch: Durch Projekte, die Sie zwar vertreten, aber aus denen nichts wird, werden auch Sie selbst beschädigt. Denn jemand, der seine Ideen erfolgreich umsetzt, gewinnt an Einfluß, weil er als einflußreich wahrgenommen wird. Jemand, der scheitert, gilt als geschwächt.

Das Kräftefeld verstehen und Einflußmöglichkeiten abschätzen

Bevor Sie damit beginnen, sich für Ihr Veränderungsprojekt zu engagieren, sollten Sie eine Kraftfeldanalyse machen. Diese hat ein Abwägen der beharrenden Kräfte gegenüber den Kräften, die die Veränderung aktiv unterstützen würden, zum Ziel.

Prüfen Sie, wie das Kräftefeld bezogen auf Ihr Vorhaben aussieht: Wer ist betroffen, wer könnte dafür oder dagegen sein; welche Interessen sind berührt, wer profitiert vom Status quo, welche Rivalen könnten sich gegenseitig blockieren, von welchen Unterstützern wissen Sie schon.

Malen Sie sich Ihre Organisation auf, und schneiden Sie sich ein Passepartout aus, als wollten Sie sie einrahmen. Legen Sie diesen Rahmen auf die Organisation und nehmen Sie den gewählten Ausschnitt genau in den Blick:

- Welches sind die treibenden Kräfte? Welche Bereiche und Personen unterstützen Ihr Vorhaben? Welches sind erklärte Freunde?
- Welche hemmenden Kräfte vermuten oder kennen Sie? Wo erwarten Sie Widerstand?
- Welche Reservekräfte sehen Sie? Reservekräfte sind solche, die zwar vorhanden sind, aber nicht in Erscheinung treten, sondern erst deutlich werden, wenn ein Wechsel in eine der beiden Richtungen sie freisetzt. Wer hält sich bedeckt und wartet ab? Wer würde mitziehen, wenn bestimmte andere Kräfte die Veränderung betreiben?

Nicht nur die Hierarchie ist von Bedeutung. Es könnte auch auf die Kunden ankommen oder auf die Konkurrenz, also auf Kräfte aus dem Umfeld der Organisation.

Denken Sie daran, daß Sie einen bestimmten Systemausschnitt wählen, wenn Sie das Kräftefeld in den Blick nehmen. Vergrößern Sie den Ausschnitt probeweise einmal deutlich – wie verändert er sich, welche neuen Einflußfaktoren werden sichtbar?

Wenn Sie nun die wirkenden Kräfte in der Zusammenschau betrachten – wie schätzen Sie die Ausgangsposition für Ihr Vorhaben ein? Interessiert sich irgend jemand dafür? Hat es Chancen? Sind alle dagegen? Blockieren sich die wichtigsten Promotoren gegenseitig?

Sie können die Ausgangsbasis für Ihr Vorhaben verbessern, indem Sie

- die Zahl oder die Stärke der treibenden Kräfte vermehren oder
- die Zahl und/oder die Stärke der hemmenden Kräfte vermindern.

Wenn Sie bei dem Vorschlag, solche Überlegungen anzustellen, innere Widerstände spüren, dann sind Sie in guter Gesellschaft. Viele Frauen haben das Gefühl, diese Art des geplanten, zielorientierten Vorgehens sei ihnen wesensfremd. Vielleicht ist es ihnen wesensfremd, vielleicht ist es auch nur ungewohnt. Manchmal lügt man sich selbst mit solchen Aussagen über den eigenen Charakter in die Tasche: Es kann durchaus sein, daß Sie sich in Ihrem Schwung, das Vorhaben anzugehen, nicht durch die Wirklichkeit stören lassen möchten oder daß Sie Angst davor haben, was eine sorgfältige Analyse zutage fördern könnte. Das Ergebnis könnte Sie entmutigen.

Auf der einen Seite haben Sie recht: Naivität, Leidenschaft und persönlicher Schwung können – wenn die Konstellation glücklich ist – unerwartete Erfolge zeitigen.

Andererseits gibt es viele Vorhaben, die mit Eifer auf den Weg gebracht wurden und deren Scheitern absehbar war. Ersparen Sie sich dieses Scheitern durch die Analyse des Kräftefeldes. Manche Projekte sollten Sie an dieser Stelle fallenlassen. Wer in der Wahrnehmung anderer mit erfolglosen Vorhaben identifiziert wird, verliert Ansehen und Einfluß.

Frau Wegeners Geschichte

Frau Wegener arbeitet als Informatikerin auf einer halben Stelle. Ein Projekt, das ihr besonders am Herzen liegt, ist die Entwicklung einer neuen Datenbank, in der alle Mitarbeiter der weltweit operierenden Firma erfaßt werden sollen.

Der Vorstand hatte zunächst das Vorhaben in Auftrag gegeben und auch die Zuständigkeiten geregelt: Die oberste Leitung lag beim Personalchef. Er sollte ein Projekt ins Leben rufen, in dem die Unternehmensbereiche Informationstechnologie und Personal gemeinsam die Datenbank entwickeln. Der Bereich Personal müßte die Kooperation der Personalstellen weltweit sichern, denn die geplante Datenbank benötigt ihre Daten. Der Bereich Informationstechnologie sollte die Bank aufbauen und die Software für die laufende Pflege bereitstellen.

Alles schien gut vorbereitet, aber dann schob der Leiter des Personalbereichs das Projekt aufgrund einer neuen Sparvorgabe erst einmal »für ein paar Jahre« auf die lange Bank.

Frau Wegener ist unglücklich über diese Entscheidung. Sie ist schon sehr mit dem Vorhaben identifiziert und wird auch in der Firma damit in Verbindung gebracht – jedenfalls wenden sich häufiger Kolleginnen und Kollegen mit Problemen an sie, die leicht lösbar wären, wenn es die neue Datenbank schon gäbe. Nun sucht sie in der ganzen Firma nach neuen Partnern: Ihr eigener Bereich braucht ja einen Auftraggeber für so ein Projekt. Und er benötigt die Kooperation der Personalstellen, um die Daten zu erhalten.

Ihr Vorgesetzter meint, sie solle ihre Aktivitäten in der Sache einstellen – aber sie kann es nicht. Sie spricht immer neue Leute an, nutzt all ihre Beziehungen – wer könnte interessiert sein? Langsam wird es ihr selbst unheimlich: »Vielleicht verbrenne ich mit dem Projekt« meint sie. Warum nur versucht sie, als Informatikerin auf einer halben Stelle, dieses Vorhaben voranzubringen? »Weil mich schon so viele Leute angesprochen haben – und ich allen zugesagt habe: die Datenbank kommt!«

Frau Wegener rackert sich ab, obwohl sie viel zu schwach ist, um das Projekt durchzusetzen. Sie wird blind für die realen Machtverhältnisse. Ohne mächtige Promotoren wird sie nicht weiterkommen. Und diese sind nicht in Sicht. Sie müßte mal eine Kraftfeldanalyse machen.

Wider Erwarten nimmt das Projekt unversehens eine Wendung zum Guten. Der Leiter des Bereichs Forschung, ein mächtiger Mann, zeigt sich interessiert. Er erreicht beim Personalchef, daß dieser eine abgespeckte Version des ursprünglich geplanten Projekts in Auftrag gibt. Frau Wegener kann loslegen.

Eine Fußnote zum Thema »Vermutete Gegner«

Manchmal gibt es wahre »Angstgegner«, Personen, von denen Sie vermuten, daß sie Ihre Vorhaben behindern werden, und die Sie ängstigen. Oft ist das jemand, den Sie schon lange fürchten. Angstgegner bleiben uns in der Regel lange erhalten, weil wir den Kontakt zu ihnen meiden. Wir »wissen« ja schon, wie sie uns und unseren Projekten gegenüber eingestellt sind, nämlich negativ. Da wir nicht mit ihnen sprechen, können wir unsere Befürchtung »ungestört« durch die Wirklichkeit aufrechterhalten.

Gegenüber Angstgegnern gibt es nur eine Empfehlung: Ran an den Feind! Weniger kriegerisch formuliert: Suchen Sie das Gespräch, erzählen Sie von Ihrem Vorhaben und finden Sie heraus, wie das Gegenüber wirklich dazu steht. Die Wirklichkeit ist meist weniger dramatisch, als unsere Schreckensphantasien uns eingeflüstert haben. Entweder es zeigt sich: Sie lagen ganz falsch. Der Betreffende war vielleicht einfach nur gleichgültig oder zu beschäftigt. Möglicherweise wußte er gar nichts von Ihrem Projekt. Selbst wenn sich Ihre Vermutung bestätigt und die Person Ihren Plänen gegenüber Vorbehalte hat, bitten Sie sie, darüber zu sprechen. Manch einen Einwand werden Sie entkräften können, einige sind sicher auch berechtigt. Sie werden merken, das Gespräch verringert die Angst, und der Gegner verliert an Macht.

Psychologen nennen dieses Vorgehen eine »Realitätsprüfung« – wir prüfen, ob die Wirklichkeit so ist, wie unsere Ängste uns einflüstern.

Oft ist sie anders, als befürchtet. Und allein durch Prüfung – dadurch, daß wir Befürchtung und Wirklichkeit vergleichen – verlieren die Ängste an Kraft.

Fachwissen und Dienstwissen

Sie verstehen Ihr Fach, und es ist für Sie selbstverständlich, immer auf dem neuesten Stand zu sein, intern und extern:

Sie sorgen dafür, daß Sie relevante Veröffentlichungen erhalten, Sie kümmern sich um die Weiterentwicklungen auf Ihrem Feld; Sie besuchen Tagungen und Kongresse, lassen sich dort informieren und informieren andere. Sie tauschen sich mit Kolleginnen und Kollegen aus, Sie pflegen Ihre fachlichen Verbindungen über die Organisationsgrenzen hinweg, Ihre Vorstellung davon, was in anderen vergleichbaren Einrichtungen oder Betrieben zu Ihren Themen gearbeitet wird, ist ziemlich zutreffend. Wer im eigenen Hause in verwandten Bereichen tätig ist, ist Ihnen natürlich bekannt; Sie wissen, an wen Sie sich mit welcher Fachthematik wenden können. Ihre Zuständigkeit haben Sie definiert; Sie sorgen dafür, daß sie gewahrt bleibt. Alle fachlich relevanten Vorgänge gehen über Ihren Tisch.

Sie legen Wert auf Qualität. Da haben Sie einen Ruf zu verlieren. Sie definieren sich als Expertin Ihres Faches. Sie haben außerhalb der Organisation ein Fachwissen erworben; berufliche Erfahrung hat Sie gelehrt, dieses Wissen auf die Fragen und Probleme Ihrer Firma, Ihrer Einrichtung anzuwenden.

Es gibt jedoch in Ihrer Organisation noch eine ganz andere Art von Wissen; dieses kann nur in der Einrichtung selbst erworben werden: Ich nenne es das Dienstwissen.

Über das Dienstwissen

Es gibt einen schönen alten Film mit Cary Grant als U-Boot Kapitän und Tony Curtis als jungem schickem Leutnant, die gemeinsam vor der Aufgabe stehen, ein schrottreif geschossenes U-Boot wieder flott zu machen, obwohl die Marine ihnen dafür keine Ersatzteile zur Verfügung stellen kann. Cary Grant ist entsetzt über den jungen Schnösel, der ihm da als Leutnant zugeteilt wird – mit seiner eleganten Uniform und seinen Golfschlägern paßt er so gar nicht in die Mannschaft der rauhen, kampferprobten Matrosen. Am Ende wird dann alles gut, auch wenn ihr Boot rosa angestrichen werden muß und sie auch sonst allerlei unterhaltende Fährnisse erleben. Das Ganze gelingt nur, weil Tony Curtis, der geschniegelte Leutnant, sich als Meister des Dienstwissens erweist. Er versteht zwar nichts von U-Booten, ist aber unschlagbar, wenn es darum geht, den widerstrebenden Marineämtern die notwendigen Materialien zu entreißen (»Unternehmen Petticoat« mit Cary Grant und Tony Curtis, 1959).

In allen Organisationen gibt es ein Wissen jenseits der Fachkompetenz – das Dienstwissen.[6] Es entsteht durch intime Kenntnis sowohl der Verfahren als auch der informellen Seiten einer Organisation. Dienstwissen – genau wie Fachwissen – ist komplex und umfassend. Die Kenntnis der Vorschriften gehört dazu und das Wissen darüber, wie diese Vorschriften in der Praxis zu handhaben sind. Welches sind die wichtigsten inoffiziellen Informationskanäle? An wen wendet man sich am besten, um Neuigkeiten aus einem bestimmten Bereich zu erfahren? Was wird einem hoch angerechnet und was darf man sich auf keinen Fall erlauben; welche Bedingungen muß erfüllen, wer weiterkommen will? Welches sind die wirklich wichtigen Gremien im Hause?

Dienstwissen entsteht durch Erfahrung mit der Arbeit und durch Kommunikation. Wer sich nicht interessiert und ohnehin keine Zeit zum Schwatzen hat, wird es in punkto Dienstwissen nicht weit bringen. Oft läßt sich die Quelle des Wissens gar nicht mehr ausmachen: »Das weiß man eben« ist die Antwort auf die Frage, woher die Gewißheit stamme, daß die Mitarbeit in Gremium X vielversprechender sei als im Gremium Y. »Man« weiß einfach, daß dieses Amt viel Arbeit macht und wenig Einfluß verschafft, während es bei jenem anderen gerade umgekehrt ist.

Zum Dienstwissen gehört natürlich auch ein Einblick in das Beziehungsgeflecht: Wer ist mit wem durch alten Haß oder junge Liebe verbunden? Wer gönnt wem nicht das Schwarze unterm Fingernagel? Welche alten Demütigungen spielen bei der Entscheidung X eine undeklarierte, aber wichtige Rolle? Welche Fraktionen gibt es? Wer widerspricht wem so gut wie immer?

Wenn Sie in Ihrer Organisation eine wichtige Spielerin werden und an Einfluß gewinnen möchten, tun Sie gut daran, sich für das Dienstwissen zu interessieren – oder zumindest für einige seiner Themen.

Wer ist wer? Und wer steht wie zu wem?

Wenn Sie neu in eine Organisation hineinkommen, können Sie dem Organigramm entnehmen, wer welche Position bekleidet und wer auf der Leiter der formalen Hierarchie wem vorgeordnet ist. Aber damit wissen Sie noch wenig darüber, mit wieviel Erfolg die einzelnen diese Position ausfüllen, wer als einflußreich gilt, wer als Gernegroß und Schaumschläger. Sie wissen noch nicht, wer mit wem in Spannung lebt, wessen Name in wessen Gegenwart besser nicht genannt wird, wer mit wem einmal heftig konkurriert und verloren hat. Sie wissen noch nicht, wie die informelle Machtverteilung aussieht, die in jeder Organisation neben der formalen existiert. Auch die Beziehungsgeschichten, die die Akteure miteinander verbinden und aneinander fesseln, wollen erst in Erfahrung gebracht werden.

Wenn Sie Förderer oder Verbündete suchen, wenn Sie abschätzen wollen, was Sie von einer Einladung zu halten haben; wenn Sie verstehen möchten, warum eine bestimmte Entscheidung immer noch nicht gefallen ist, dann brauchen Sie diese Informationen.

Was zählt?

Jede Organisation schafft Unterschiede in den Einflußmöglichkeiten der einzelnen Organisationsmitglieder. Dies geschieht durch formalen Aufstieg, also durch die Verteilung von Positionen und Aufgaben entlang einer hierarchischen Ordnung – die Organisation erzeugt ihre Führungskräfte.

Es geschieht aber auch durch die Zuschreibung von unterschiedlich viel Macht und Einfluß an einzelne Organisationsmitglieder bei gleicher hierarchischer Stellung (s.o.).

Zum Dienstwissen gehören Kenntnisse über die informellen Kriterien für Aufstieg und Erfolg und über die Bedingungen, unter denen Ihnen Einfluß und Bedeutung zuerkannt werden. Diese stehen nämlich nicht oder nur sehr unvollständig in der offiziellen Liste der Beurteilungskriterien. Es gibt sie aber in jeder Organisation, und wer sich dafür interessiert, kann sie in Erfahrung bringen.

Hier einige Beispiele:

Eine Professorin berichtet:

»Die Professoren haben unterschiedlich viel Einfluß. Dabei spielen mehrere Faktoren eine Rolle. Am wichtigsten ist die Beschaffung von Drittmitteln: Wieviel Geld bringt jemand dem Institut z.B. über fremdfinanzierte Forschungsprojekte ein.

Gremienarbeit kann auch zum Einfluß beitragen – kann, aber muß nicht. Manche Gremien machen nur Arbeit und kosten viel Zeit, aber sie bringen in dem Sinne nichts. Andere sind sehr wichtig, obwohl nicht sonderlich arbeitsintensiv. Im Laufe der Zeit lernt man, welche wichtig sind.

Wer viel publiziert, natürlich nicht irgendwo, sondern möglichst in angesehenen wissenschaftlichen Zeitschriften, der gewinnt an Bedeutung. Besonders angesehen ist die Veröffentlichung in Publikationen mit Blindgutachterverfahren. Das heißt: Diejenigen, die prüfen, ob ein Artikel zur Veröffentlichung angenommen werden soll, kennen den Namen des Autors oder der Autorin nicht.

Seit wir die Dozentenbeurteilung haben, ist auch die zu

einem Maßstab geworden: Wer als anspruchsvoll gilt, viele Studenten hat und außerdem noch gut beurteilt wird, der ist auch angesehen.

Und immer noch zählt es, an eine andere Universität berufen zu werden. Wer einen Ruf annimmt, kann bessere Bedingungen heraushandeln, und wer bleibt, kann in Bleibeverhandlungen seine Bedingungen setzen.«

Die Mitarbeiterin einer kirchlichen Organisation meint:

»Natürlich unterscheiden sich unsere verschiedenen Gremien und Konferenzen in ihrer Bedeutung. Manche ermöglichen wirklich große Einflußnahme auf wichtige Weichenstellungen. Es sagt daher etwas über Ihren eigenen Status aus, an welchen Gremien Sie beteiligt sind.

Fast noch wichtiger für Ihren Einfluß ist es aber, welcher Würdenträger Sie in ein bestimmtes Gremium eingeladen hat. Wenn Sie von einem auffällig hohen Hierarchen gebeten wurden, gibt das zu vielen Spekulationen Anlaß. Es ist eine Aussage darüber, wie Sie gehandelt werden, nämlich als wichtig und vielversprechend. Das stärkt dann Ihre eigene Stellung.«

Ein Forschungsinstitut wird erforscht

Ein Bericht in der *Süddeutschen Zeitung* vom 27.11.01 referiert Forschungsergebnisse über ein Max-Planck-Institut. Dort heißt es: »Um in dem Institut erfolgreich zu sein, müssen neben der Arbeit an der eigenen Qualifikation (Dissertation) folgende Kriterien erfüllt sein: Publikationen in angesehenen wissenschaftlichen Zeitschriften und Internationalität durch Auslandsaufenthalte, Teilnahme an ausländischen Kongressen, Praktika im Ausland o.ä.« Diese Kriterien sind natürlich nirgends nachzulesen.

Die Verwaltungschefin eines Produktionsbetriebs berichtet:

»Bei uns dreht sich alles ums Geld. Am einflußreichsten werden diejenigen, von denen der Eindruck entsteht, sie könnten Geld bewegen. Es sind Leute, die Finanzierungen erfolgreich verhandeln, oder es ist jemand, der anscheinend einen großen Auftrag einbringt. Ob der Auftrag wirklich so groß und so lukrativ ist, steht dahin, oft sieht die Sache anders aus, wenn man sie wirklich durchrechnet. Aber der Betreffende weiß es so darzustellen. Wer einflußreich werden will, muß Geld reinbringen und darüber reden!«

Die Chefin einer großen Behörde sagt:

»Bei uns ist es wichtig, den eigenen Zuständigkeitsbereich ruhig zu halten – es darf nichts Negatives in der Zeitung stehen. Das ist typisch für eine Behörde: anerkannt zu werden für etwas, was nicht geschieht. Aber das reicht noch nicht aus. Einfluß gewinnt, wer die politische Spitze des Hauses mit Informationen versorgt, die sich gut in der Presse darstellen lassen. Wer etwas dafür tut, daß die Leitung des Hauses positiv in der Zeitung steht, der ist auch selbst gut angesehen.«

Die Ladung mit dem Faktor »Status«

In der psychologischen Forschung wird gelegentlich eine Methode namens Faktorenanalyse angewandt. Sie dient dazu, komplexes Verhalten in Einflußkräfte – Faktoren – zu zerlegen. Das Ausmaß, in dem ein Faktor x zu dem untersuchten Verhalten beiträgt, nennt man die »Ladung«.

Fachfremd, aber analog dazu kann man sagen, daß eine breite Palette beruflicher Situationen eine hohe oder weniger hohe Status-Ladung hat, also für den Status einer Person von größerer oder geringerer Bedeutung ist.

Die Ladung mit dem Faktor »Status« gehört zu den Informationen, die in einer Organisation informell gehandelt werden. Also: Welche Tätigkeiten und welche Arbeitsbereiche sind statushöher als andere? Welche Außenkontakte versprechen einen Zuwachs an Status? Welche Tagungen muß man besuchen? Wie sieht die Hierarchie der Netzwerke aus? An welcher Projektgruppe teilzunehmen, ist ehrenvoll, welche bereitet nur Arbeit? Welche Sitzung ist wirklich wichtig, welche nur Zeitverschwendung? In die Nähe welcher Person sollte man sich begeben, um an Status zu gewinnen? Welche Kneipenbesuche lohnen sich?

Unendlich viele Tätigkeiten, Kontakte, Gruppierungen, Ereignisse – und natürlich auch Personen – in der Organisation sind in diesem Sinne mit einer »Statusladung« ausgestattet. Das heißt, zusätzlich zu den offensichtlichen Inhalten und Aufgaben differieren sie auf einer Skala, die den Status mißt. »Natürlich gibt es diese Skala nicht wirklich«, denken Sie jetzt. Doch, es gibt sie wirklich, sie ist nur nicht offiziell, Sie finden sie nirgends aufgeschrieben und veröffentlicht. In der Unternehmensphilosophie steht ebensowenig darüber wie in den Leitlinien zur Führungskräfteentwicklung.

In vielen Unternehmen zählen vor allem die Aufstiegschancen. Sie sind wichtiger als die Bezahlung. Dabei sind in einem großen Betrieb die »Laufbahnen« keineswegs klar und eindeutig. Es gibt nichts Offizielles darüber, welche Position wohin führt und wie man von der einen zur nächsten kommt.

Aber es gibt verbreitete Vorstellungen darüber. So gelten manche Stellen als Sackgassen, andere dagegen als gute Sprungbretter. Dazu müssen sie nicht in vorgegebene Laufbahnen eingegliedert sein. Oft sind es Positionen, die besonders sichtbar sind oder die wichtige Kontaktchancen bieten – so wie es im oben beschriebenen Forschungsinstitut der Fall war.

Viele Frauen fragen eher nach den inhaltlichen Aufgaben einer Position. Sie prüfen, ob die Arbeit selbst für sie reizvoll wäre und ob sie genug davon verstehen. Sie begeben sich leicht in die Gefahr, eine berufliche Sackgasse anzusteuern, wenn nur die Tätigkeit sie interessiert.

Damit verringern Sie Ihre Einflußchancen! Informieren Sie sich vor Ihrer Entscheidung. Der Flurfunk, die Kaffeeküche, informelle Gespräche aller Art sind gute Quellen. Denken Sie daran, daß Männer sich für Statusfragen vorbehaltlos interessieren – sie sind daher zu diesem Thema eine ergiebigere Quelle als Frauen.

Wenn Sie einmal damit begonnen haben, den »S-Faktor« zu beachten und regelmäßig zu erforschen, werden Sie feststellen, wie viele Entscheidungen auf diesem Faktor eine Ladung haben.

Selbst die Frage, für welche Weiterbildung Sie sich wohl anmelden sollten, ist davon betroffen: Mitarbeiter mit gutem

Dienstwissen können jederzeit darüber Auskunft geben, welche der angebotenen Weiterbildungsmaßnahmen die prestigeträchtigste ist.

Wenn es Ihnen dann gelingt, sich für genau diese anzumelden, gewinnen Sie zweifach: Sie werden durch die Teilnahme an einer hochrangigen Veranstaltung selber wichtiger. Und Sie haben die Chance, die anderen (wichtigen?) Teilnehmer in Ihr Kontaktnetz einzubinden. Vielleicht ist es außerdem ein lehrreiches Seminar.

Einflußakkumulation – eine Übung

Einflußreich werden Sie nicht über Nacht, sondern Schritt für Schritt. Sie akkumulieren Einfluß über einen längeren Zeitraum.

Sie bekommen Angebote und Einladungen, Chancen, sich zu zeigen. Immer wieder neu entscheiden Sie sich: für oder gegen mehr Sichtbarkeit; für oder gegen die besondere Aufgabe, die Chance, neue Kontakte zu entwickeln. Entweder Sie sagen ja, oder Sie lehnen ab zugunsten anderer Möglichkeiten, die im Augenblick eher in Ihre beruflichen Pläne passen, für die Sie sich mehr interessieren, die Sie sich eher zutrauen.

Wenn Sie sich verhalten wie viele andere Frauen auch, dann haben Sie Ihre beruflichen Entscheidungen bislang nur selten unter dem Statuskriterium betrachtet, bewertet und getroffen. Inhaltliche Gesichtspunkte, Fragen der persönlichen Belastung und Zweifel an der persönlichen Eignung sind Ihnen als Entscheidungskriterium vertrauter.

In diesem Abschnitt sind Sie eingeladen, einmal die Statusfrage in den Vordergrund zu stellen. Prüfen Sie mit einer kleinen Übung, wie gut Ihr Dienstwissen ist und wie konsequent Sie Einfluß akkumulieren.

1. Machen Sie eine Liste von zehn Angeboten/Anfragen/Einladungen, die Sie in den letzten Wochen erhalten haben (von Kollegen oder Vorgesetzten, aber auch von außerhalb Ihrer Organisation).

2. Bewerten Sie jedes Angebot auf einer Skala von + 5 bis – 5 hinsichtlich seiner S-Ladung, d. h., seiner Bedeutung für die Erhöhung Ihres Status. Vergeben Sie eine – 5 für ein Angebot mit, von Ihrer Position aus gesehen, hohem Statusverlust und eine + 5 für eine Anfrage mit hohem Statuszuwachs (»sehr ehrenvoll«).
   Falls Sie feststellen, daß Sie zu einer Einschätzung nicht über genügend Dienstwissen verfügen, besprechen Sie sich mit Kolleginnen und Kollegen.
3. Prüfen Sie, wie Sie in jedem der Fälle entschieden haben, und schauen Sie, ob Ihre Entscheidungen irgendein Muster verraten:
   Haben Sie die statushohen Angebote eher abgelehnt oder eher angenommen? Haben Sie die statusniedrigen Angebote eher angenommen oder eher abgelehnt?
4. Was waren Ihre Motive? Bitte für jede Entscheidung auflisten.
5. Wenn Sie sich jetzt das Ergebnis anschauen: Was erfahren Sie über sich selbst und Ihr Projekt »Einflußreicher werden«? Und was haben Sie über Ihre Organisation dazugelernt?

Sie bekommen ständig und auf ganz undramatische Weise Angebote und Nachfragen, über die Sie entscheiden. Jede Ihrer Entscheidungen hat auch eine Bedeutung für Ihre Einflußakkumulation – auch die Ablehnung. Wenn sichtbar wird, daß Sie Angebote mit deutlicher S-Ladung ablehnen, dann hat das Konsequenzen. Es mag für sie so aussehen, als würde eine Ablehnung Ihren Status nicht weiter berühren, aber das ist nicht der Fall. Wenn Sie häufiger Chancen ablehnen, dann sinkt Ihr Status. Sie werden dann nicht mehr als Hoffnungsträgerin, als kommende Frau gehandelt, sondern als uninteressiert und uninteressant.

Manche Chancen werden Ihnen nicht angeboten, – um diese müssen Sie sich selber kümmern.

Wenn Sie sich stark fühlen und wohl ausgestattet mit Dienstwissen über S-Ladungen, warten Sie nicht zu lange. Signalisieren Sie Ihr Interesse. Sprechen Sie Ihren Vorgesetzten an. Beraten Sie sich mit ihm. Lassen Sie ihn wissen, was Sie gern möchten. Erkundigen Sie sich nach seiner – oder ihrer – Einschätzung. Unter Umständen: Fordern Sie.

Im oben erwähnten Forschungsinstitut stellen einige der befragten Wissenschaftlerinnen mit Bedauern fest: »Wahrscheinlich muß man richtig darauf bestehen, die Projektleitung zu bekommen. Das war uns nicht so klar.«[7]

Wenn Sie eine Chance bekommen und wenn Sie sie ergreifen, dann kommt die nächste Herausforderung: Wissen Sie die Chance zu nutzen, sind Sie gut genug, fleißig genug, klug genug? Haben Sie sich zuviel zugetraut?

Mit dieser Sorge sind Sie aber nicht allein: »And what if they put you on the water and you don't walk?« fragen sich die als ›High Potentials‹ Identifizierten vor ihrer ersten Bewährungsprobe.[8]

Wenn Sie Chancen bekommen und ergreifen: Sprechen Sie darüber!

Denn wir »haben« den Status nicht, er wird uns von anderen zugeschrieben. Um einflußreicher zu werden, brauchen wir die anderen, die uns so wahrnehmen. Daher müssen wir unsere Umwelt wissen lassen, an welchen hochrangigen Projekten wir beteiligt sind und wie gut wir unsere Sache dort machen.

Durch die Teilnahme an statushohen Aktivitäten und dadurch, daß Sie anderen davon erzählen, steigern Sie Ihre S-Ladung.

Beziehungen, Beziehungen!

Der Mensch ist ein »zoon politikon«, ein Lebewesen, das der Gemeinschaft bedarf. Das wußte schon Aristoteles. Und das hat sich nicht geändert. Es gilt nach wie vor, und es gilt für Männer und für Frauen.

Um in einer Organisation erfolgreich zu arbeiten, bedarf es nicht nur vielfältiger Informationsquellen und weit gespannter Beziehungsnetze, sondern Sie sind auch auf Personen angewiesen, denen Sie vertrauen und bei denen Sie sich ausruhen können. Sie brauchen Menschen, die Sie fördern und von denen Sie lernen; manchmal benötigen Sie Bundesgenossen, mit denen Sie sich von Fall zu Fall zusammentun, um ein gemeinsames Interesse zu verfolgen und möglichst durchzusetzen.

»Vitamin B« – vielfältige Beziehungen in alle Richtungen – ist dem Fortkommen nützlich und dem Menschen unentbehrlich.

Nützliche Netze

Wir leben vernetzt, und wir arbeiten vernetzt. Wir sind eingebunden in vielfältige Abhängigkeiten. Zum Wesen arbeitsteilig funktionierender Organisationen – in denen die meisten Menschen ihre Arbeit tun – gehört es, daß die einen ihre Aufgaben nur erfüllen können, wenn andere dies ebenfalls tun. Wie dicht dieses Gewebe ist und wie selbstverständlich wir davon ausgehen, daß es funktioniert, bemerkt man erst, wenn etwas nicht klappt – wenn jemand fehlt und die Vorgänge sich auf seinem Schreibtisch stapeln, oder wenn ein Mitarbeiter neu dazukommt, der mit den Abläufen nicht vertraut ist und möglicherweise andere Prioritäten setzt, oder wenn die Feindschaft zwischen zwei Personen dazu führt, daß sie einander nicht so zuarbeiten, wie vorgesehen.

Über dieses Netz der Verbundenheit durch die Arbeit legt sich ein weiteres: Das Netz der informellen Kontakte und Beziehungen, das Netz der alten Ausbildungsgruppen, der gemeinsamen Vereinszugehörigkeit, der zufälligen Bekanntschaften, das Netz der Leidensgenossen oder auch der fachlichen Sympathie. Es gibt viele Themen und Anlässe, die Menschen miteinander in Verbindung bringen.

Diese Netze halten sich nicht an die formale Gliederung der Organisation. Sie überspringen Ressort- und Abteilungsgrenzen; sie kennen nicht den Unterschied zwischen innerhalb und außerhalb der Einrichtung.

Sie sind unsichtbar, wenn sie ruhen. Sie zeigen sich – und auch das nur in Ausschnitten –, wenn sie aus einem gegebenen Anlaß aktiviert werden. Sie sind flüchtig und beweglich – sie dehnen sich aus, verlagern sich, verschwinden – und sie sind wichtig. Manche behaupten, heute käme es weniger auf die hierarchische Macht einer Person an als darauf, wie gut sie vernetzt sei und wie viele Beziehungen sie aus aktuellem Anlaß aktivieren könne. Fest steht, daß sie ziemlich nützlich sind. Wir brauchen sie, um Informationen zu tauschen, als Frühwarnsysteme, um Gefallen zu erbitten und zu erhalten, um Personalfragen zu lösen, Entscheidungen vorzubereiten oder zu beeinflussen, um Trost zu spenden und Rat zu suchen und manchmal auch, um die formale Ordnung zu umgehen.

Netze spinnen

Wir Frauen bekommen schon seit einigen Jahren Nachhilfe in Netzwerkfragen. Es sind etliche Bücher zum Thema erschienen[9], Gleichstellungsbeauftragte legen spezielle Programme auf, und Weiterbildungsinstitute bieten Kurse zu diesem Thema an. Getrieben von der Sorge, aus den »old boys networks« ausgeschlossen zu sein, und in dem Bemühen, zu diesen Verbindungen ein Gegengewicht zu entwickeln, werden für Frauen spezielle Vernetzungsangebote entwickelt.

Natürlich verfügen auch Frauen über Kontaktnetze. Aber sie sind weniger gewohnt, diese bewußt zu pflegen und für ihr berufliches Fortkommen zu nutzen. Es kommt immer wieder vor, daß eine Frau den Eindruck hat, sie kenne niemanden, jedenfalls niemanden, der ihr in einer bestimmten Angelegenheit nützlich sein könnte. Die Netzwerkkarte, die im nächsten Abschnitt beschrieben wird, soll diesem Irrtum abhelfen.

Frauen fällt es schwerer, andere zu instrumentalisieren. Ihre Kontakte in den Netzwerken sind in der Regel intensiver, d. h. häufiger. Sie haben größere Ansprüche an Beziehungen. Dadurch können Netze überlastet werden. Denn Netzwerkpartner sind keine Kampftruppen und keine Koalitionen. Jemand, der durchaus bereit ist, Informationen zu liefern, fühlt sich deswegen noch lange nicht verpflichtet, sich persönlich für Ihre Vorhaben einzusetzen. Der flüchtige, punktuelle Kontakt zum gegenseitigen Nutzen – ein Kennzeichen vieler Netze – fällt Männern leichter als Frauen.[10]

Wenn Sie Ihre Netze ausbauen möchten, sind Offenheit und Neugier auf andere gute Voraussetzungen. Wer sich uninteressant fühlt und sich abkapselt, tut sich mit der Entwicklung von Kontakten schwer.

Wenn eine Arbeit Sie beeindruckt, wenn es Ihnen gefällt, was jemand vorgetragen hat – warum nicht ihm oder ihr das mitteilen? Wenn Sie neugierig auf die Ideen oder die Meinung einer Person sind – warum nicht einmal gemeinsam Mittag essen? Viele riskieren aus Angst vor Zurückweisung solch einen ersten Schritt nicht.

Überlegen Sie einmal: Wie würden Sie reagieren, wenn sich jemand für Ihre Arbeit interessiert? Würden Sie mit ihm oder ihr ein Gespräch führen? Würden Sie sich befragen lassen? Würden Sie eine Mittagspause opfern?

Nach meiner Erfahrung hängt die Bereitschaft des anderen sehr davon ab, wie echt das Interesse ist. Wenn Sie den Kontakt nur aufnehmen möchten, weil er nützlich ist, wird der andere das früher oder später merken. Besonders erstrebenswert sind natürlich Gesprächspartner, für die Sie sich interessieren und die außerdem ein Gewinn für Ihr Netz sind. (Eigentlich sind alle Personen, für die Sie sich interessieren, ein Gewinn für Ihr Netz.)

Für den Fall, daß Sie Ihr Netz gezielt erweitern möchten, um ein ganz bestimmtes Projekt voranzubringen, achten Sie darauf, daß Sie nicht versehentlich lauter Gesinnungsgenossinnen um sich versammeln, mit der richtigen Einstellung, aber leider einflußlos. Diese Kontakte eignen sich wahrscheinlich, um Mißerfolge zu beklagen, Schuldige zu identifizieren und sich über die Ungerechtigkeit der Verhältnisse zu verständigen. Sie taugen aber nicht dazu, relevante Informatiionen zu bekommen oder höhere Stellen auf verschlungenen Wegen über Ihre Absichten ins Bild zu setzen.

Es kann sein, daß Sie sich mit Ihrem Wunsch nach Kontakt nicht exponieren möchten. Deswegen müssen Sie noch nicht auf nützliche Verbindungen verzichten. Sie können vielmehr auf bereitgestellte Netze zurückgreifen: Jede Fachgesellschaft, der Sie beitreten, jeder Berufsverband, jeder Zusammenschluß junger Unternehmerinnen, jede politische Partei ist ein Netzwerk, das für Sie bereitliegt und dem Sie qua Beitritt angehören. Es empfiehlt sich allerdings, nicht nur beizutreten, sondern sich auch regelmäßig blicken zu lassen.

»Networking« fürs Dienstwissen

In einer Organisation gibt es täglich Ereignisse und Vorgänge, über deren Bewertung Sie sich nicht sicher sind: Es gibt Personalien und Beziehungsklatsch aller Art. Es gibt Entscheidungen, über deren Hintergründe Sie gern etwas erfahren würden, es gibt Chancen, die nur deswegen Chancen sind, weil Sie frühzeitig davon erfahren haben. Kraftfelder verändern sich, und wer das weiß, kann die Gunst der Stunde nutzen.

Alle Verfahren und Routinen, mit denen in Ihrer Organisation gearbeitet wird, setzen Regeln. Sie lassen aber auch Spielräume, die nach persönlichem Geschmack gefüllt werden können. Wer sie kennt, kann sie zur Gestaltung und zur Steuerung nutzen. Wenn es Ihnen gelingt, erfahrene Personen zu finden und ihnen Dienstwissen zu entlocken, ersparen Sie es sich, die Spielräume durch Versuch und Irrtum herauszufinden.

Oft brauchen Sie für Ihre Arbeit Informationen, die Sie nur über Kontakte, nicht über offizielle Stellen bekommen können. Je schlechter die Organisation funktioniert, desto wichtiger werden Beziehungen und informelle Kanäle. Das kann so weit gehen, daß keine Entscheidung mehr in dem dafür vorgesehenen Gremium gefällt wird. Alle sind schon vorher zwischen einigen abgesprochen und ausgekungelt. Die formale Organisation ist ihrer Funktion entkleidet und gerinnt zur Farce. Interessengruppen, Netzwerke und Seilschaften übernehmen die Steuerung.[11]

In zahlreichen Netzwerken der Organisationsmitglieder fließt das Dienstwissen, wird getauscht, genutzt, weitergegeben, zurückgehalten.

Dabei haben auch die dienstlichen Netze ihren Status. Manche sind ganz exklusiv.

Wenn Sie neu in eine Einrichtung oder einen Betrieb kommen, gehört es zu Ihren vorrangigen Aufgaben, die wichtigen und die weniger wichtigen Netze auszumachen und sich einen

Eindruck von deren Bedeutung zu verschaffen. Denn erst, wenn Sie wissen, welche Netze existieren, können Sie überlegen, ob und wie für Sie ein Zugang möglich wäre. Mit diesem Vorhaben stoßen Sie möglicherweise zunächst auf Kopfschütteln. Aber verlassen Sie sich darauf – es gibt diese Netze, und sie wirken!

Über den Zugang zu innerbetrieblichen Kontakt- und Informationsnetzen entscheidet in erster Linie die eigene berufliche Position – und nicht das individuelle Verhalten. Je höher der Rang, desto leichter der Zugang.

Zu Kontakten, für die Ihre Position zu niedrig ist, läßt sich der Mentor nutzen. Er kann, da in der Regel etliche Rangstufen höher als sein Schützling, für diesen Kontakte anbahnen, die eigentlich außerhalb seiner Reichweite liegen.

Einflußnahme via Netz

Der Gedanke, sich zu informieren, Wissen anzusammeln und zu verwenden, liegt Frauen näher als die Idee, Beziehungen zu benutzen, um Einfluß zu nehmen. Ist die Möglichkeit erst einmal entdeckt, bietet es sich an, das Netzwerk als Medium zum Transport von Inhalten zu gebrauchen, die Sie ganz gezielt auf den Weg bringen möchten. Die old boys, die sich auf dem Golfplatz, im Restaurant oder beim Saunen verständigen, machen es uns vor.

Sie nutzen die Verbindungen zur **Selbstdarstellung**, indem Sie anderen gezielt und wohl dosiert statuserhöhende Mitteilungen über sich selbst zukommen lassen, in der berechtigten Annahme, diese würden weitergereicht. Es ist doch viel eleganter, andere von den eigenen Heldentaten berichten zu lassen, als es selbst zu tun.

Sie nutzen Verbindungen zur gezielten **Beeinflussung von Entscheidungen**, an denen Sie selbst nicht beteiligt sind. Dabei ist es gar nicht nötig, Netzwerkpartner explizit um ein bestimmtes Votum zu bitten – so platt wird sich kein gewiefter Systemspieler verhalten. Es reicht in der Regel, die eigene Haltung mitzuteilen, möglicherweise noch zu fragen, wie die anderen die Angelegenheit sehen.

Die old boys helfen einander, ihre »young boys« **in gute Positionen zu hieven,** indem sie sie für interessante Aufgaben vorschlagen oder auch nur im Kontext eines Gesprächs auf ihre besonderen Qualitäten hinweisen. Damit wiederum festigen sie ihren Einfluß, denn die Jungen sind ihnen verpflichtet und werden sich erkenntlich zeigen.

Wenn sie Geschäftsleute sind, unterstützen sie einander mit Aufträgen und vermitteln einander gute Kontakte. Wenn sie Forscher sind, schlagen sie einander für Ehrungen vor, empfehlen einander für Publikationen in den angesehensten Journalen und Mitgliedschaften in mächtigen Gremien. Wenn sie Politiker sind, versorgen sie einander mit Stimmen, und wenn sie Künstler sind, vermitteln sie einander Schüler oder Engagements.

Manchen Frauen ist das zu platt, und viele finden es ungehörig, sich so unverfroren für andere einzusetzen – es sei denn, diese wären notleidend. Hier wie so oft beim Thema Einfluß gilt es, Lohn und Preis gegeneinander abzuwägen: Wie wichtig ist Ihnen das, was Sie erreichen wollen? Was können Sie sich zumuten? Liegen die Ursprünge Ihrer Bedenken in Ihren persönlichen Wertvorstellungen, oder lügen Sie sich damit in die Tasche?

Ein kleines Instrument: Die Netzwerkkarte

Die Netzwerkkarte hilft Ihnen, sich Ihrer Kontakte und Beziehungen zu vergewissern, und erleichtert Ihnen die Suche nach männlichen und weiblichen Ansprechpartnern. In der Regel bedarf es eines Anlasses, um sie zu zeichnen.

Wenn Sie zum Beispiel in Ihrer Organisation eine neue Aufgabe übernommen haben oder wenn Sie vor einem Problem stehen, zu dessen Verständnis oder Lösung Sie Informationen und Rat brauchen, kann Ihnen die Netzwerkkarte nützlich sein.

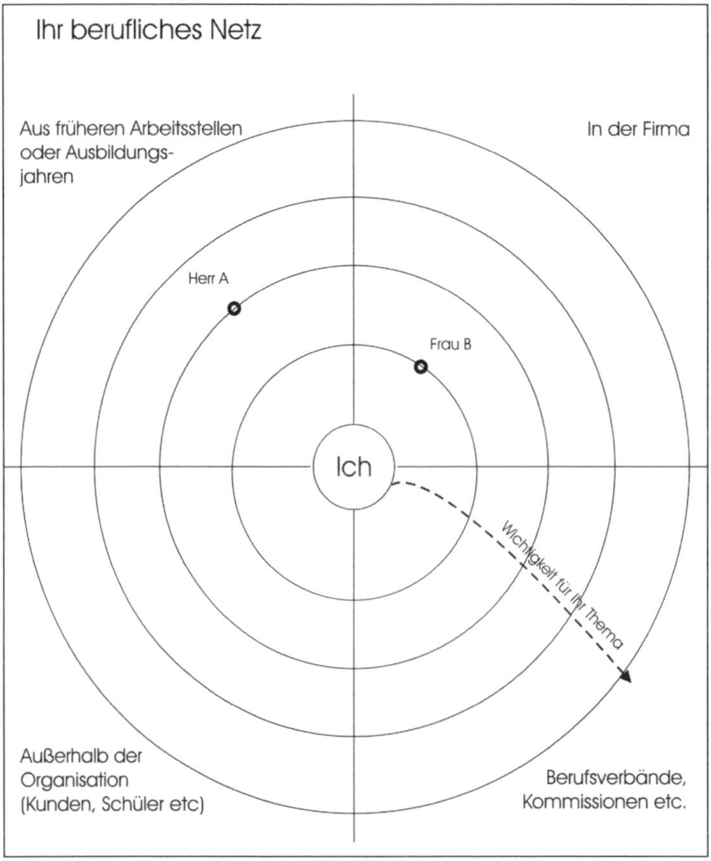

Abbildung 1. Ihr berufliches Netz – ein Beispiel

Zeichnen Sie auf ein Blatt konzentrische Kreise. In die Mitte setzen Sie sich selbst.

Legen Sie nun eine Achse durch den Kreis – von innen nach außen. Diese Achse markiert die Bedeutung der einzelnen Personen für Ihre Arbeit oder für das Problem, das Sie gerade beschäftigt. Gefragt ist nicht danach, wie eng die Beziehung ist oder wie bedeutsam der Kontakt für Sie persönlich ist, sondern gefragt ist nach der Wichtigkeit für Ihr Thema.

Unterteilen Sie die Kreisfigur in Segmente – diese sind Ihre Suchfelder. Sie können zum Beispiel unterscheiden: Arbeitskollegen, Vorgesetzte und Mitarbeiter – jetzige und frühere;

berufsbezogene Netze außerhalb Ihrer Firma oder Einrichtung, denen Sie durch Beitritt oder Berufung angehören, wie Fachverbände oder Kommissionen. In ein drittes Segment könnten Sie Außenkontakte eintragen, Personen außerhalb Ihrer Organisation, denen Sie im Zuge Ihrer Arbeit begegnet sind wie z.B. Kunden oder Personen, die Sie ausgebildet haben; in ein viertes Segment können Sie diejenigen einordnen, die Sie im Laufe Ihrer Ausbildung und Ihrer beruflichen Weiterbildung kennengelernt haben.

Am Ende ergibt sich ein Bild von Personen aus ganz unterschiedlichen Bereichen mit einer Aussage über deren Bedeutung für Ihr Problem.

Sie können die Karte natürlich auch auf Ihre Organisation beschränken, dann differenziert sich das Bild z.B. in: Kollegen und Kolleginnen aus Ihrer Abteilung oder Ihrem Bereich; außerhalb Ihres Bereichs; Personen, die in der Hierarchie über Ihnen stehen; Personen an den wichtigsten Schnittstellen Ihrer Arbeit.

Auf diese Weise rufen Sie sich Art und Umfang Ihres Netzwerks ins Bewußtsein. So können Sie auswählen, wen Sie ansprechen.

Rastplätze

Genauso falsch, wie es ist, allen zu vertrauen, ist es, niemandem zu trauen. Erfahrungsgemäß brauchen Sie in Ihrer Organisation unbedingt Anlaufstellen zum Ausruhen, Menschen, denen gegenüber Sie sich offen und ungeschützt zeigen können. Dorthin wenden Sie sich, um sich einfach mal auszusprechen, um zu jammern oder genüßlich über andere herzuziehen. Dort können Sie sich untaktisch und unstrategisch verhalten. An Vertrauten können Sie Ideen und Pläne ausprobieren. Sie bekommen Rückmeldungen, deren Aufrichtigkeit Sie glauben können. Sie können erzählen, worüber Sie sich Sorgen machen und welche Reaktionen anderer Ihnen zu denken geben. Sie können sich auch nach der Vertrauenswürdigkeit dritter erkundigen.

Frauen, die sich in einem Betrieb oder einer Behörde vorwagen, die Ansprüche stellen und mit Innovationen experimentieren, fühlen sich oft sehr allein. Sie stehen vor allerhand neuen Aufgaben, in denen sie sich noch unsicher fühlen. Und es fehlen ihnen manchmal Kriterien, um den Gegenwind beurteilen zu können: Sind das ganz normale Reaktionen? Sind es Angriffe gegen die eigene Person? Wie ist das Verhalten der Kollegen zu bewerten? Wer dazu neigt, kann leicht immer mißtrauischer werden und immer ratloser. Um die eigene Bodenhaftung zu sichern, tut es gut, eine unbefangene und verläßliche Sichtweise einzuholen.

Sie sehen – Rastplätze taugen nicht nur zum Ausruhen!

Frau Kaisers Geschichte

Frau Kaiser hat kürzlich eine Führungsaufgabe übernommen. Auf ihrer Ebene ist sie die einzige Frau. Ihre Beförderung hat etwas Staub aufgewirbelt – sie hat das Gefühl, daß die Leute über sie sprechen, wenn sie durch den Flur geht. Zur Zeit kämpft sie mit allerlei Anfangsschwierigkeiten. Sie hat z.B. keine schriftliche Mitteilung über ihre Ernennung bekommen; ihr Vorgänger hat ein solches Schreiben erhalten, es fand sich in einer alten Personalakte. Hat es etwas zu bedeuten, daß sie eine entsprechende Mitteilung nicht bekommen hat? Obwohl der Termin schon verstrichen ist, liegt von zweien ihrer Mitarbeiter noch kein Urlaubsplan vor. Ist das Zufall? Schlampigkeit? Oder zeigen sich hier die Anfänge einer Revolte? Drückt sich darin Mißachtung gegen ihre Person aus? Und wo bleibt die offizielle Information an Kollegen und Mitarbeiter über die neuen Unterstellungsverhältnisse? Bei ihrem Vorgänger gab es eine ganz formelle Verkündigung durch die Geschäftsleitung. Warum nicht auch bei ihr? Hat das etwas zu bedeuten?

Fragen über Fragen. Frau Kaiser fühlt sich sehr allein. All diese Kleinigkeiten könnte man so, aber auch anders interpretieren. Wie soll sie sie verstehen? Wollen die Mitarbeiter ihr das Leben schwermachen? Will die Verwaltung ihre Position schwächen? Oder wird sie langsam paranoid? Frau Kaiser traut sich selbst nicht mehr. Sie findet keine Ruhe. Tag und Nacht gehen ihr die Gedanken durch den Kopf. Gibt es denn niemanden, dem sie vertrauen könnte und der sie dabei unterstützen würde, herauszufinden, was real ist und was eingebildet? Nach langem Hin und Her fällt ihr ein Kollege ein, mit dem sie bisher eigentlich recht gute Erfahrungen gemacht hat. Sie ruft ihn tatsächlich an und ist nach einem Treffen mit ihm sehr erleichtert. Er hat ihr geholfen, ihre Erfahrungen zu sortieren und zu bewerten. Die fehlende Urlaubsplanung, so meint er, sei wahrscheinlich einfach Schlamperei, aber auf der offiziellen Bekanntgabe ihrer Ernennung solle sie bestehen.

Sie erinnert die Mitarbeiter und bekommt die fehlenden Daten. Sie ruft den Verwaltungschef an und beschwert sich. Dieser versichert ihr wortreich: Alles sei nur ein Mißverständnis. Nun weiß sie schon wieder nicht, ob sie ihm trauen kann.

Aber ihre Unruhe beginnt, sich zu legen. Der Kollege hat sie gut verstanden und sie ohne abwertenden Unterton beraten. Das Beste:

Er hat sie eingeladen, wiederzukommen.

Über Mentoren und Vorgesetzte

Als Mentoren – meist sind sie ja männlich – werden hochrangige Hierarchen bezeichnet, die einen jüngeren Mitarbeiter, der eher am Beginn seiner Laufbahn steht, fördern. Der Mentor bringt seinem Schützling bei, wie »der Laden funktioniert«, er ist eine kostbare Quelle von Dienstwissen. Er tritt auch für seinen Protegé ein, schlägt ihn z.B. für eine bestimmte Aufgabe vor. Der Schützling erhält vom Mentor Informationen, die ihm auf seiner Ebene eigentlich nicht zugänglich wären. Der Mentor bringt ihn an höherer Stelle ins Gespräch. Wenn es bekannt wird, daß jemand einen angesehenen und hochrangigen Mentor hat, dann steigt dadurch bereits das Ansehen des Schützlings. Ein Mentor ist eine unschätzbare Hilfe für jeden, der Einfluß und Sichtbarkeit gewinnen möchte. Er informiert, er fördert, und er weist den Schützling in die besonderen Regeln und Gepflogenheiten der jeweiligen Organisation ein. Als Quelle von Dienstwissen ist er unersetzlich.

Leider ist es für Frauen nicht ganz einfach, einen Mentor zu finden.[12] Immer noch ziehen die Hierarchen gern ihresgleichen heran, sie sehen in ihrem Schützling sich selbst als jungen Mann, sie identifizieren sich, und es entstehen Vater-Sohn-ähnliche Bindungen.

Die Beziehung zwischen einem weiblichen Protegé und einem Hierarchen ist komplizierter, sowohl im Binnenverhältnis als auch in der Außenwirkung. Der potentielle Mentor hat nicht sein Ebenbild vor sich: Er kann die junge Frau nicht darin fördern, zu werden »wie er«. Er ist unsicher, wie sein Interesse an ihr wohl aufgenommen wird. Natürlich bleiben auch die Mutmaßungen nicht aus, was denn wohl der Charakter der Beziehung sei ... Trotz dieser Schwierigkeiten gibt es mehr und mehr Frauen, die mit Anerkennung und Dankbarkeit von ihrem Mentor sprechen.

Eine kürzlich erschienene Untersuchung[13] hat versucht herauszufinden, ob Mentoren zwischen männlichen und weiblichen Protegés Unterschiede machen, und wenn ja, welche. Es zeigte sich, daß beide, Männer und Frauen (in einer wissenschaftlichen Einrichtung), sich durch ihre Mentoren gut beraten fühlten. Dennoch unterschied sich die Betreuung. Die Mentoren drängten die Männer häufig, geplante Veröffentlichungen voranzutreiben, und wiesen sie auf die Bedeutung internationaler Erfahrungen für ihr Fortkommen in der Forschungseinrichtung hin. In diesen beiden Punkten nahmen sie auf ihre weiblichen Schützlinge weniger Einfluß. Leider – denn dies waren in dem Institut die wichtigsten Kriterien für Aufstieg und Erfolg.

Die Zahl der Mentorinnen ist zwar gewachsen, denn die Zahl der Frauen auf hohen Positionen hat zugenommen – sie ist aber immer noch niedrig. Frauen, die in der Hierarchie aufgestiegen sind, achten sehr darauf, auf welche Weise und in welchem Umfang sie sich für andere Frauen engagieren. Manche befürchten, sie könnten einen Ruf als Frauenrechtlerin bekommen und damit ihre eigene Karriere beschädigen.

Wie finden Sie einen Mentor / eine Mentorin? In der Regel werden Sie gefunden. Der Mentor macht bei einer Tagung, einer Präsentation, bei einer informellen Zusammenkunft Ihre Bekanntschaft und beginnt, sich für Sie zu interessieren. Es sind oft zufällige Begegnungen, aus denen unter Umständen eine längerfristige Beziehung entsteht, denn aufgrund der Ranghöhe treffen Sie den Mentor nicht im Rahmen Ihres Alltagsgeschäfts. Ihre Chancen steigen, wenn Sie Möglichkeiten suchen und finden, sichtbar zu werden.

In einigen Betrieben haben sich Frauen- oder Gleichstellungsbeauftragte dieses Themas angenommen. Sie werben gezielt um Mentorinnen und bieten Frauen auf sehr unterschiedlichen Hierarchiestufen die Möglichkeit, im Rahmen von Veranstaltungen zusammenzukommen und sich kennenzulernen. Ziel dieser Programme ist, zwischen Frauen, die ein Mentorat übernehmen würden, und potentiellen »Schützlingen« Kontakte herzustellen.

Cross-Mentoring, ein Konzept, von dem gelegentlich die Rede ist, bedeutet, daß der Mentor oder die Mentorin und der Protegé nicht dem gleichen Betrieb angehören. Der Vorteil dieses Arrangements besteht in der Unabhängigkeit und dem unvoreingenommenen Blick des Mentors. Ein wichtiger Nachteil ist sein/ihr Mangel an Dienstwissen. Als Sozialisationsagentur taugt der interne Mentor besser.[14]

Falls Sie nicht entdeckt oder aufgefordert werden – denken Sie daran: Es gibt auch Damenwahl! Schon immer haben Frauen sich gelegentlich ihren Mentor selbst gesucht. Prüfen Sie, von wem Sie sich gern beraten lassen würden. Hängen Sie Ihre Ansprüche nicht zu niedrig. Sie profitieren nicht, sondern schaden sich nur, wenn Sie aus lauter Angst vor Zurückweisung einen Hierarchen ansprechen, der auf einem Abstellgleis die ihm verbleibenden Berufsjahre abarbeitet.

Wenn Sie sich entschlossen haben, prüfen Sie Ihre Zugangsmöglichkeiten zum Mentor Ihrer Wahl. Beraten Sie sich mit Vertrauten darüber, wie Sie am besten einen Kontakt herstellen könnten. Wenden Sie sich z. B. direkt an den Betreffenden und konfrontieren ihn schriftlich oder mündlich mit Ihrem Wunsch. Wenn die so angebahnte Verbindung gelingt, gut. Wenn nicht, hinterläßt der Versuch auf beiden Seiten Spuren, die einen unbefangenen beruflichen Kontakt erschweren.

Sie könnten sich auch um Gelegenheiten bemühen, bei denen der von Ihnen erwählte Mentor die Möglichkeit bekommt,

Sie kennenzulernen. Sie könnten am Rande einer betrieblichen Veranstaltung das Gespräch mit ihm suchen zu einem Thema, das ihn, aber auch Sie interessiert.

Auf dieses könnten Sie sich dann zu einem späteren Zeitpunkt beziehen. Sie könnten auch versuchen, einen Termin zu bekommen, und Ihren Wunsch vortragen. Wählen Sie einen Weg, der zu Ihnen selbst aber auch zu Ihrer Einschätzung des Mentors in spe paßt. Manche honorieren Direktheit und persönlichen Mut, andere fühlen sich dadurch bedrängt und reagieren abwehrend.

Sollten Sie sich für das direkte Gespräch entscheiden, muß dies natürlich gut vorbereitet sein. Dazu gehört es, Ihrem Projekt »Mentorat« klare Konturen zu geben, es gewissermaßen »politikfähig« zu machen (s. Teil III), um Ihr Gegenüber zu orientieren: Was genau wollen Sie von ihm (oder ihr), was kommt auf ihn zu, was wird von ihm erwartet?

Kennen Sie die Bedürfnisse Ihres Vorgesetzten?

Wenn es um Einfluß und Sichtbarkeit geht, ist Ihr Vorgesetzter für Sie von Bedeutung. Er kann Ihre Entwicklung fördern, Sie mit besonderen Aufgaben betrauen, die Ihnen eine Bühne verschaffen. Er kann Ihre Arbeit auf seiner Ebene hervorheben oder totschweigen. Erst wenn Sie in einer hierarchischen Organisation ohne Unterstützung des Vorgesetzten Projekte voranbringen müssen, merken Sie, wie sehr Sie ihn brauchen.

Während in Unternehmen und Betrieben Vorgesetzte ziemlich selbstverständlich als fordernd und fördernd gesehen werden, ist das im Non-profit-Bereich anders. Viele Mitarbeiter und Mitarbeiterinnen betrachten Vorgesetzte als ihre natürlichen Gegner und bekämpfen sie. Es würde ihnen kaum einfallen, sich für die Bedürfnisse und Probleme ihrer Chefs zu interessieren. Die Vorstellung, sich zu überlegen, wie sie die Position ihrer Vorgesetzten stärken könnten (um selbst davon zu profitieren), würde sie empören.

Diese Haltung schränkt Sie in Ihren Möglichkeiten sehr ein. Sie können ihn um nichts bitten und kein Interesse anmelden, denn das würde Schwäche und Bedürftigkeit signalisieren. Sie können nur fordern nach dem Alles-oder-Nichts-Modell. Daß er ablehnen wird, wußten Sie schon vorher.

Sie können versuchen, ihn zu ignorieren, aber das ist schwierig, und Sie haben wenig davon. Sie können Ihre Arbeit nicht an seinen Wünschen orientieren, denn das wäre Anpassung, wenn nicht Schlimmeres. Fürwahr, ein enges Korsett – nicht dazu angetan, Ihren Vorgesetzten als Verbündeten für Ihr Projekt »Einfluß und Sichtbarkeit« zu gewinnen.

Entlassen Sie die Ihnen Vorgeordneten aus der Rolle der bedürfnislosen, sorgenden Väter, deren Stärke außer Frage steht. Entlassen Sie sie aus der Rolle der feindseligen Autorität, die es zu bekämpfen gilt. Und entlassen Sie sich selbst aus der Rolle der gehorsamen oder der revoltierenden Tochter.

Bedenken Sie, daß Ihr Vorgesetzter um so mehr für Sie tun kann, je besser es ihm selbst geht und je einflußreicher er wird. Überlegen Sie, wie Sie ihn stärken können. Dann kann er auch Sie stärken, wenn Ihnen daran liegt – und er hat möglicherweise auch Lust, es zu tun.

Was er für Sie tun könnte? Nun, zum Beispiel Wege bahnen: Es gibt Mitgliedschaften, für die können Sie sich melden oder bewerben. Es gibt aber auch Gremien und Vereinigungen, in die werden Sie berufen. Anders werden Sie nicht aufgenommen. Diese sind natürlich hochrangig – gut für Ihre S-Ladung –, und der Zugang wird in der Regel von einer Männergruppe kontrolliert. Diese berufen unter dem Etikett der persönlichen Eignung und der fachlichen Kompetenz in der Regel andere Männer, die ihnen selbst ähneln. Soll Ihr Vorgesetzter Sie doch einmal ins Gespräch bringen – und wenn nicht er, dann tut es vielleicht vielleicht Ihr Mentor?

Frau Baumanns Geschichte

Frau Baumann arbeitet als Abteilungsleiterin in einem Landesministerium. Sie hat die Fach- und Dienstaufsicht über etwa 25 Mitarbeiter und Mitarbeiterinnen. Ihre Abteilung ist dafür zuständig, einige Themen aus dem Zuständigkeitsbereich des Hauses fachlich zu betreuen, Vorlagen und Stellungnahmen zu erarbeiten, Veranstaltungen durchzuführen, Forschungsvorhaben zu vergeben und die politische Spitze – den Minister und die Staatssekretäre – fachlich zu beraten.

Immer häufiger geschieht es, daß der Minister sich nicht an seine Abteilungsleiterin wendet und ihren fachlichen Rat einholt. Statt dessen lädt er Wissenschaftler ein, die in entsprechenden Vorträgen seine politischen Entscheidungen fachlich untermauern. Frau Baumann – über deren Kopf hinweg diese Einladungen erfolgen – ärgert sich darüber, daß der Minister die im eigenen Hause vorhandenen Experten nicht nutzt. Zudem bezweifelt sie die fachliche Qualität mancher Stellungnahmen und hält einige Forschungsarbeiten für oberflächliche Schnellschüsse. Das Vorgehen verletzt ihre Qualitätsstandards.

Sie weiß aber nicht, wie sie sich am besten der politischen Spitze gegenüber verhalten könnte. Zu häufig schon, findet sie, übernimmt sie die Rolle der kritischen Mahnerin, die fachliche Positionen gegen die Übergriffe des politischen Tagesgeschäfts verteidigt. Auch das sieht sie als Teil ihrer beruflichen Aufgabe. Sie ist wirklich eine in der Wolle gefärbte Fachexpertin und sie steht auch dazu. Aber beliebter wird sie dadurch nicht.

Denn der Minister braucht sie nicht nur als Fachfrau. Nein, meint Frau Baumann im Gespräch über ihre Situation, er möchte natürlich auch mit interessanten Nachrichten in der Zeitung stehen, selbst wenn diese eher spektakulär als substantiell sind. Da er von ihr solche Nachrichten nicht erhält – das verbieten ihr ihre fachlichen Ansprüche –, versorgt er sich anderswo.

Der Gedanke, daß sie ihrem Vorgesetzten etwas geben könnte, verblüfft Frau Baumann. Sie hat sich bisher als Mitarbeiterin eher in der Rolle der Empfangenden gesehen. Sie erwartet Aufträge, angemessene Behandlung, Versorgung, Anerkennung. Tatsächlich möchte aber der Minister auch versorgt werden.

Aus dieser Entdeckung zieht sie rasch Konsequenzen. Ein Mitarbeiter wird in Zukunft regelmäßig die Arbeit der Abteilung auf Neuigkeiten hin durchforsten, die für die Presse interessant sein könnten. Diese werden ans Ministerbüro weitergeleitet. Auf diese Weise, so hofft Frau Baumann, wird sie zweierlei erreichen: Sie wird ihrem Dienstherren eine wichtigere Mitarbeiterin werden, und sie wird stärker als bisher dafür sorgen können, daß fachliche Ergebnisse der Arbeit ihres Bereichs als Nachrichten in der Zeitung stehen.

Tauschgeschäfte – Güter und Währungen

Getauscht wird schon lange, an vielen Orten und zu unterschiedlichen Bedingungen. Wer in der Klemme ist, ist auch bereit, einen schlechten Tausch zu akzeptieren.

Natürlich wird auch im Berufsleben getauscht. Information gegen Information, Gefallen für Gefallen, Verschwiegenheit gegen Rückendeckung, Aushilfe gegen Fürsprache und so weiter, und so weiter. In den Köpfen werden Konten geführt; ihre Ausgeglichenheit wird überwacht – und wer seines deutlich überzieht, bekommt das zu spüren. Einflußreich sein in einer Organisation heißt auch: Sie haben viel zum Tauschen und viele Menschen stehen in Ihrer Schuld.

Wenn Sie also Ihre Ideen voranbringen möchten, aber weder anordnen können noch bei denjenigen, deren Unterstützung Sie brauchen, Bereiche gemeinsamen Interesses finden, dann bleibt Ihnen immer noch zu tauschen.

Frauen halten häufig nichts davon. Nicht, daß sie nicht jemandem einen Gefallen tun würden – aber diese Geschäftemacherei ist ihnen zuwider und die Aufrechnerei – wer schuldet wem was – ist einfach zu kleinlich.

Das gehört sich nicht. »Wenn ich für jemanden etwas tue, dann weil ich ihn oder sie gern leiden mag oder weil ich die Sache selbst schätze!« Mit Tauschgeschäften verbinden sie die Vorstellung, sie würden nur um des persönlichen Vorteils willen einer Sache zustimmen, von der sie eigentlich nichts halten. Sie würden sich kaufen lassen. Damit rücken Tauschgeschäfte moralisch betrachtet in die Nähe von Schmiergeld und Bestechlichkeit. Das Tauschen gehört jedoch zum Alltag moderner Organisationen. Damit der einzelne seine Arbeit erfolgreich tun kann, braucht er die direkte und indirekte Kooperation vieler Menschen. Diese kooperieren gleichzeitig mit vielen anderen, die ebenfalls ihre Mitwirkung brauchen. Zudem verfolgen alle auch eigene Interessen und arbeiten eigene Projekte ab. Da können Sie unter Umständen lange warten, bis Ihre Sache mal dran ist!

Tauschgeschäfte tragen dazu bei, daß der Kooperationspartner den Spielraum, über den er zwischen den Regeln und Routinen der Organisation verfügt, zu Ihren Gunsten nutzt, also z. B. Ihren Anruf schneller beantwortet, für Sie eher einen Termin hat oder Ihre Vorlage auf die Tagesordnung setzt. Tauschgeschäfte schmieren die Schwerfälligkeit der Apparate.

Frauen mißbilligen Tauschgeschäfte auch, weil sie meinen, sie hätten nichts zum Tauschen. Meist unterschätzen sie ihre Ressourcen und machen sich nicht klar, was sie alles tauschen könnten.

Denn die Menschen unterscheiden sich sehr darin, für welche Tauschangebote sie empfänglich sind. Der eine ist unter Druck und braucht unbedingt zusätzliches Personal, um seine Arbeit tun zu können; der andere reagiert vor allem auf persönliche Anerkennung. Der dritte braucht eine freundliche Seele, die ihm zuhört und ihn versteht, und der vierte interessiert sich in erster Linie für Informationen. Cohen und Bradford[15] unterscheiden fünf Typen von Währungen, die in vielen Betrieben und Einrichtungen gehandelt werden.

Zur Anregung Ihrer Vorstellungskraft darüber, was Sie innerbetrieblich tauschen könnten, hier ihre Liste (Übersetzung von mir).

Währungen, die in Organisationen etwas wert sind

Inspirationsbezogene Währungen:

Vision	An einer Aufgabe von übergeordneter Bedeutung beteiligt sein
Hervorragende Leistungen	Die Chance bekommen, etwas Wichtiges wirklich gut zu tun
Moralisches Verhalten	Tun, was »richtig« ist, gemessen an einem höheren Standard als Effizienz

Aufgabenbezogene Währungen:

Neue Ressourcen	Geld, Budgeterweiterungen, Personal, zusätzliche Räume etc.
Herausforderungen/ Lernmöglichkeiten	Aufgaben bekommen, die die eigenen Fähigkeiten erweitern
Unterstützung	Hilfe bei der Erledigung laufender Projekte oder ungewollter Aufgaben
Schnelle Antwort	Kürzere Antwortzeiten
Information	Zugang zu technischem oder organisatorischem Wissen

Positionsbezogene Währungen:

Anerkennung	Einsatz, Leistung oder Fähigkeiten werden anerkannt
Sichtbarkeit	Die Chance, Hierarchen oder wichtigen Mitarbeitern in der Organisation bekannt zu werden
Reputation	Als kompetent und engagiert gesehen werden
Kontakte	Die Möglichkeit, zu anderen Verbindung aufzunehmen
Insider	Das Gefühl, dazuzugehören, mittendrin zu sein

Beziehungsbezogene Währungen:

Verständnis	Jemand hört den eigenen Sorgen zu
Akzeptanz	Nähe und Freundschaft
Persönliche Unterstützung	Aktiver Einsatz für jemanden

Personenbezogene Währungen:

Dankbarkeit	Anerkennung, in jemandes Schuld zu stehen
Ownership/Beteiligung	Einfluß auf wichtige Aufgaben haben
Selbstkonzept	Bestätigung des eigene Wertes, der Selbsteinschätzung und der Identität
Frieden	Vermeiden von Beunruhigung

Nutzen Sie doch einmal Ihr typisch weibliches Einfühlungsvermögen, und finden Sie heraus, wie derjenige, dessen Kooperation Sie dringend brauchen, zu kriegen ist. Und dann lassen Sie sich etwas einfallen!

Frau Günthers Geschichte

Frau Günthers Bereich soll umstrukturiert und erweitert werden. Die Erweiterung ist Anlaß, den ganzen Bereich neu zu gliedern und einige Personen umzusetzen. Sie bekommt auch einen neuen Mitarbeiter. Er soll innerhalb ihres Bereichs eine Leitungsaufgabe übernehmen. Offiziell steht die Person noch nicht fest. Sie ist sich nicht ganz sicher, aber sie glaubt, ihr Vorgesetzter habe da jemanden im Auge, den er gern versorgen möchte. Bisher hat ihr Chef sie nur im Groben über seine Planung, seine Prioritäten und seine Vorbehalte gegenüber einzelnen ihrer Mitarbeiter unterrichtet. Frau Günther ist bekannt als gute Chefin. Deshalb haben sich im Vorfeld der anstehenden Veränderung schon einige Mitarbeiter an sie gewandt und ihr mitgeteilt, mit wem oder unter wem sie auf keinen Fall arbeiten möchten.

Da sitzt sie nun zwischen den Plänen ihres Vorgesetzten und den Wünschen ihrer Mitarbeiter etwas in der Klemme. Sie schildert, wie stark ihr Wunsch ist, es allen recht zu machen. Da sie aber nicht zu entscheiden hat, ist das völlig unmöglich.

Wenn sie darüber nachdenkt, welche Umstrukturierung sie selbst am besten fände, dann fallen ihr vor allem fachliche Gesichtspunkte ein.

Sie beschließt, ihre eigenen Ideen etwas wichtiger zu nehmen. Sie will dem Mitarbeiter, der sich besonders gegen eine Umsetzung wehrt, deutlich machen, daß er sie mit Argumenten versorgen müsse und daß sie möglicherweise nicht erfolgreich sein wird. Sie formuliert für die Verhandlung mit ihrem Vorgesetzten Ziele erster und zweiter Priorität, so daß sie nicht ohne jede Zielsetzung dasteht, wenn sie mit ihrem wichtigsten Anliegen keinen Erfolg haben sollte.

Innerlich widerstrebend (»Ich schachere nicht gern«) überlegt sie, in welchem Punkt sie ihrem Vorgesetzten entgegenkommen könnte, daß sie aber für dieses Entgegenkommen etwas verlangen wird. Sie plant also ein Tauschgeschäft.

Dabei unterläuft ihr im ersten Entwurf ein kleiner Fehler: Als Gegenleistung für ihre Zustimmung zur Anreicherung eines Sachgebiets möchte sie gern, daß ihr Chef die Beförderung eines Mitarbeiters unterstützt. Auf Nachfrage fällt ihr ein, daß er das ohnehin getan hätte. Es handelt sich also um kein Entgegenkommen. Sie hat noch einen Gefallen frei. Sie muß lange überlegen, bis ihr etwas einfällt. Sie ist hin und her gerissen zwischen einem »selbstsüchtigen« Wunsch und dem Anliegen ihres Mitarbeiters, nicht unter dem neuen Mann arbeiten zu müssen. Mit Skrupeln entscheidet sie sich dafür, in diesem Fall ihr eigenes Interesse zu verfolgen. Sie wird ihren Vorgesetzten fragen, ob sie nicht in Zukunft an einer wichtigen Besprechung, genannt »Kleine Lage«, teilnehmen könnte.

Die Umstrukturierung ist abgeschlossen. Bei der inhaltlichen Neugliederung ist sie in zwei Fällen ihrem Vorgesetzten entgegengekommen. Der neue Mann hat angefangen, und der alte Mitarbeiter wird für drei Monate unter ihm arbeiten, dann versetzt werden. Frau Günther gehört jetzt zu den Teilnehmern der Kleinen Lage. »Ich freue mich über Ihr Interesse«, hat der Chef auf ihre vorsichtige Frage geantwortet.

Man muß das Brett nicht an der dicksten Stelle bohren!

Es ist eine Binsenweisheit, auf die hinzuweisen ich an dieser Stelle nicht versäumen möchte: Organisationen – Betriebe, Behörden, Einrichtungen – unterscheiden sich. Sie unterscheiden sich auch in ihrer Offenheit gegenüber Frauen, die Einfluß nehmen möchten. Leider wissen wir nur wenig darüber, wie sie sich unterscheiden. Hier zwei Beispiele:

Eagly, Karau und Makhijani (1995) haben die Ergebnisse zahlreicher empirischer Untersuchungen zu folgenden Fragen: Wie leiten Männer und Frauen; wie effektiv sind sie, wie unterscheiden sie sich? zusammenfassend ausgewertet. Sie fanden heraus, daß die Führungsrollen – je nach Organisation – männlicher oder weiblicher beschrieben sind. So definieren militärische Organisationen alle Leitungsrollen sehr maskulin. In der Folge werden Frauen in diesen Rollen als wenig wirksam und erfolgreich angesehen. Andere Organisationen, wie z.B. Bildungs- oder Soziale Einrichtungen, definieren die Leitungsrollen viel weiblicher. Daher können Frauen dort sehr viel wirksamer sein.

Frauen wurden immer dann als vergleichsweise wenig erfolgreich eingeschätzt, wenn die Führungsrolle von ihnen verlangte, gegen die weibliche Rolle zu verstoßen.

Hedwig Rudolph und Marlies Grüning (1994) wollten wissen: Unter welchen Bedingungen zeigen Betriebe und Behörden sich an Frauen und am internen Aufstieg von Frauen interessiert? Sie fanden heraus: Frauen werden dann als Ressource betrachtet (und entsprechend geachtet und gefördert), wenn:

- Die Organisation ein innovatives personalpolitisches Konzept hat, wenn also den Verantwortlichen klar ist, daß Modernisierungsprobleme nicht allein technisch, sondern nur mit Hilfe umfassender organisatorischer Veränderungen gelöst werden können, und wenn außerdem
- die den Frauen in geschlechtsbezogenen Stereotypen zugeschriebenen besonderen Fähigkeiten, wie Einfühlungsvermögen, Sensibilität, Integrationsfähigkeit, geeignet scheinen, die personalpolitischen Probleme der Firma zu lösen.

Den Betrieben geht es um Nutzen, nicht um Gerechtigkeit.

Von einer neuen interessanten Möglichkeit berichteten Christine Funken und Ina Fuchs auf einer Tagung der Sektion Frauenforschung der Deutschen Gesellschaft für Soziologie. Sie stellten das Berufsfeld »Vertrieb« als einen Bereich vor, der möglicherweise Frauen neue Chancen bietet. Strukturell steht der Vertrieb zwischen Kunden und Unternehmen – nicht umsonst wurden seine Mitarbeiter früher »Außendienstmitarbeiter« genannt – und ist offenbar weniger als zentrale Unternehmensteile in informelle, männlich geprägte Strukturen und Netzwerke eingebunden. Zudem läßt sich die Leistung im Vertrieb problemlos quantifizieren: Wer hat wieviel verkauft? Die Referentinnen sprachen von einem neuen Karrieretyp, den

Frauen gern wählen – der Geldkarriere. Wenn sie im Dschungel der männlichen Netzwerke nicht weiterkommen, können sie zumindest viel Geld verdienen.[16]

Jutta Allmendinger, Soziologieprofessorin in München, ist der Auffassung, daß der Frauenanteil auf den höheren Etagen wissenschaftlicher Einrichtungen immer dann steige, wenn die Karriere weniger von persönlichen Beziehungen abhänge. Der Vergleich mit dem Ausland zeige, daß Frauen besser abschneiden, wenn die Zugangsbedingungen transparenter und einheitlicher seien.[17]

Diese Ergebnisse liefern erste Einblicke. Sie taugen nicht als Entscheidungshilfe, ermuntern aber zum Weitersuchen. Auf jeden Fall reichen sie zu einer kleinen Warnung:

Wenn Sie die Wahl haben, versuchen Sie nicht, das Brett an der dicksten Stelle zu durchbohren. Einrichtungen, in denen Sie nicht nur auf den höchsten Rängen die einzige Frau wären, sondern nahezu in jedem Bereich und jeder Arbeitsgruppe mit Kollegen zu tun haben, die Frauen nur als Sekretärinnen, Ehefrauen und Freundinnen kennen, überfordern Sie auf Dauer. Sie wären dann ständig in Rolle des »tokens«, der Vorzeigefrau. Diese ganz spezielle soziale Situation verlangt Ihnen ein so hohes Maß an Anstrengung und Anpassung ab, daß Ihr Wohlbefinden und Ihre persönliche Entwicklung beeinträchtigt würden.

TEIL II

Drei Schauplätze

Wenn Sie sich selbst und Ihre Vorhaben im Kontext der Organisation sehen und Ihr Vorgehen vor diesem Hintergrund planen, erhöhen Sie Ihre Chancen. Sie setzen ein Projekt durch, Sie bekommen eine prestigeträchtige Aufgabe, Sie werden in ein wichtiges Gremium eingeladen, der Mentor Ihrer Wahl ist bereit, Ihnen einen Termin zu geben. Soweit, so gut. Jetzt gilt es, die Chance zu nutzen und sich in der direkten Begegnung mit anderen zu präsentieren. Die Orte dieser Begegnung nenne ich Schauplätze. Dort ergreifen Sie die Chance, die Sie bekommen haben, oder auch nicht. Und dort stellen Sie sich so dar, daß Sie die Chance für Ihre Arbeit erfolgreich nutzen so daß Sie neue und größere Chancen bekommen – oder auch nicht.

Drei Schauplätze werden im nun folgenden genauer besichtigt: Die Arbeitsgruppe, die Sie in jeder Organisation in vielfältigen Ausformungen vorfinden; das Gespräch unter vier Augen, in dem zwei Menschen mit je eigenen Zielen aufeinandertreffen, und der Auftritt, eine Situation, in der eine einzelne Person sich im Rampenlicht zu bewähren hat. Das Geschehen auf jedem dieser Schauplätze folgt seinen eigenen Gesetzen. Jeder bietet andere Möglichkeiten, sich hervorzutun, und auf jedem sind Fallstricke gespannt und Leimruten gelegt. Alle Schauplätze sind eingebunden in die Organisation, die das, was auf ihnen geschieht und was dort möglich ist, stets mit beeinflußt.

1 Die Gruppe

Für Menschen, die sichtbarer und einflußreicher werden wollen, sind Gruppen in zweifacher Hinsicht wichtige Orte: Wenn Sie die Chance bekommen haben, in einem statushohen Gremium mitzuarbeiten, kommt es nun darauf an, was Sie daraus machen, welche Rolle Sie in diesem Gremium spielen, wie Sie sich dort Stimme und Gehör verschaffen. Ihr Ziel wird es sein, ein angesehenes und einflußreiches Gruppenmitglied zu werden.

Andersherum gilt: Das Gremium bietet neue Möglichkeiten, sichtbar zu werden und neue Chancen zu bekommen. Wenn es Ihnen gelingt, Ihren Part gut zu spielen, wenn Sie sich als kompetent zeigen und Sie für das Gremium wichtig werden, dann fallen Sie auf, dann werden Sie womöglich mit anderen, wichtigen Aufgaben betraut.

In Gruppen werden Plätze »ausgehandelt«

Die Gruppe ist Schauplatz vieler Kämpfe und Verhandlungen um Sichtbarkeit und Einfluß. Viele berufstätige Menschen verbringen einen guten Teil ihres Arbeitstages in Gruppen: Sie treffen sich zu Besprechungen, sie diskutieren in Präsentationen, sie wirken in Kommissionen und arbeiten in Projektgruppen. Die Arbeit in Gremien, in denen Menschen sich leibhaftig gegenübersitzen, nimmt trotz aller Kommunikationstechnologie immer noch zu. In solchen Gruppen haben die Beteiligten ganz direkt miteinander zu tun. Sie sitzen am gleichen Tisch, hören und sprechen, sie beeindrucken und werden beeindruckt.

Gruppen sind wichtige Orte der Verteilung: Hier wird ganz direkt, von Angesicht zu Angesicht, um Einfluß und Sichtbarkeit gerungen – und Frauen sind oft mit dem Ergebnis dieses Ringens nicht zufrieden.

Dieses Ringen geschieht natürlich nicht direkt. Es ist auch in der Regel nicht oder nur in sehr kleinen Gesten bemerkbar. Zum näheren Verständnis daher ein kleiner Ausflug in das Innenleben solcher »aufgabenbezogenen Gruppen«, wie sie in der Fachsprache genannt werden.

In einer Gruppe ist nicht alles, was geschieht, auch sichtbar, im Gegenteil, sehr viel geschieht im verborgenen.[1]

Auf der **Sach- oder Aufgabenebene** werden Begrüßungsworte gewechselt, es werden Papiere verteilt, Ideen werden diskutiert und Entscheidungen fallen. Zeitgleich zu diesem sichtbaren Geschehen findet noch etwas anderes statt: Es entwickeln sich **Kooperationsbeziehungen** in der Gruppe, ohne daß darüber gesprochen wird. Durch die gegenseitige Beeinflussung und das Handeln der Beteiligten entsteht eine Ordnung: Es klärt sich, welche Regeln gelten sollen, wer welche Rolle spielt, wem man besonders gut zuhört, wem man »niedere Arbeiten« zumuten kann, wer viel reden darf und wer rasch unterbrochen wird. Wie die Kooperationsbeziehungen im einzelnen aussehen, wird – zwar verbunden mit der Sachaufgabe, aber indirekt und nebenbei – ausgehandelt. Drei Themen müssen dabei vor allem geregelt werden:

- Wie wird die Macht verteilt?
- Wer gehört dazu, wer steht eher am Rand, wer ist Außenseiter?
- Wie will die Gruppe es mit Nähe und Distanz halten, wie distanziert sollen die Arbeitsbeziehungen sein?

In minutiös kleinen Gesten und Bemerkungen, ohne daß explizit darüber gesprochen wird, klären die Beteiligten diese Fragen durch ihr Verhalten zueinander.

Für Frauen, die sichtbarer und einflußreicher werden wollen, besteht die Chance und die Aufgabe darin, an diesem Aushandlungsprozeß zu ihren Gunsten mitzuwirken. Wie kann ihnen das gelingen?

Im nun folgenden Kapitel wird das Ergebnis eines Aushandlungsprozesses an einem Beispiel geschildert und sein Zustandekommen untersucht.

»Geheimverhandlungen« in der Sparkasse – ein Beispiel

Es ist besonders schwer, Routinen zu durchbrechen. Aus lange fixierten Rollenbildern entlassen zu werden von Personen, mit denen Sie seit Jahren zusammenarbeiten, ist eine Sisyphusaufgabe. Aber wenn im Betrieb umstrukturiert wird, wenn die gewohnten Abläufe ohnehin durchbrochen sind und wenn in neuen Arbeitsformen neue Kooperationen aufgebaut werden, haben alle Beteiligten die Chance, sich anders ins Blickfeld zu rücken als bisher und sich vom Einflußkuchen ein größeres Stück zu sichern.

Die Möglichkeiten, sich neu und besser zu positionieren, steigen noch, wenn die neue Arbeitsform eine Gruppe ist, in der Männer und Frauen weitgehend selbständig zusammenarbeiten und ihre Aufgabenverteilung sowie viele Dinge des Arbeitsalltags ohne Vorgaben des Vorgesetzten untereinander aushandeln dürfen und müssen.

Diese Situation ist für unser Thema interessant, weil wir etwas darüber erfahren können, wie Männer und Frauen diese neuen Chancen nutzen, was am Ende dabei herauskommt und warum das herauskommt, was herauskommt. Hier der Fall:[2]

Die Filiale der Sparkasse wird umorganisiert. Bisher war die Verkaufsorganisation in Sparten gegliedert: Es gab die Kreditabteilung, den Giro-Bereich, die Anlageberatung usw. Im Zuge des neuen Konzepts »One Face to the Customer« wird die Spartenorganisation aufgelöst. Der Kunde soll mit all seinen Anliegen von einem Berater oder einer Beraterin betreut werden. Wer seine Giro-Geschäfte erledigt hat, aber nun noch über mögliche Anlagen sprechen möchte, soll in Zukunft nicht mehr zum Anlageberater geschickt werden, sondern kann bei der Schalter-Person bleiben.

Diese integrierte Kundenbetreuung wird technisch möglich durch eine Software, die es gestattet, Informationen zu Themen aus bisher getrennten Bereichen abzurufen.

Die Mitarbeiter sollen nun für diese ganzheitliche Kundenbetreuung qualifiziert werden. Spezialisten sollten nur noch in Ausnahmenfällen hinzugezogen werden.

Die Mitarbeiter erledigen in Zukunft höherwertige und geringerwertige Arbeiten; sie werden umfassend qualifiziert; ihre Arbeit wird insgesamt anspruchsvoller und interessanter. Es wird von ihnen erwartet, daß sie flexibel auf die Anforderungen der jeweiligen Situation reagieren. Die anfallenden Routinearbeiten wie z. B. Belegeingabe, die natürlich nach wie vor anfallen, sollen sich alle untereinander aufteilen. Da die starre Arbeitsteilung mit ihren festen Vorgaben entfällt, dürfen und müssen die Teammitglieder immer wieder neu untereinander aushandeln – d. h. sie müssen sich darüber verständigen und sich einigen –, wie die jeweils anfallende Arbeit verteilt wird.

Die Freiheit in der Gruppe ist natürlich eine relative: Der Druck des Vorgesetzten entfällt zwar weitgehend. Er wird aber ersetzt durch ökonomischen Druck. Das Team bekommt Umsatzvorgaben für die einzelnen Produkte. Nicht der einzelne muß diese Vorgaben erreichen, sondern das Team als Ganzes wird daran gemessen – und erhält einen höheren oder geringeren Bonus.

Dennoch bedeutet diese Veränderung für die Frauen im Team eine Bereicherung und Herausforderung. Sie waren es nämlich, die in der Vergangenheit in der Regel die niederwertigsten Arbeiten machen mußten, die Arbeit am Schalter und die Belegeingabe. Nun können sie sich für andere Tätigkeiten qualifizieren, können zeigen, was in ihnen steckt, und bekommen Zugang auch zu aufstiegsträchtigen Aufgaben wie dem Kreditgeschäft.

Bei der Umsetzung dieses Konzeptes in die Wirklichkeit geschieht aber folgendes: Durch die Hintertür schleicht sich die geschlechtsspezifische Arbeitsteilung wieder ein. Frauen übernehmen in weitaus größerem Maße als Männer unattraktive Routinearbeiten. Da sie mit diesen Arbeiten beschäftigt sind, müssen sie die Beratung der Kunden den Männern überlassen. Je häufiger dieser Fall eintritt, desto mehr Erfahrung gewinnen die Männer. Und da das Team an seiner Gesamtleistung gemessen wird, erhalten die verkaufsstarken Männer immer mehr Chancen. Da sie mehr Umsatz bringen, räumen die anderen Gruppenmitglieder ihnen auch mehr Einfluß ein. Die Frauen stecken zurück: ob der Urlaubsplan besprochen wird oder Weiterbildungschancen verteilt werden – die Wünsche und Interessen der Frauen rücken an die zweite Stelle. Sie sehen es, und sie akzeptieren es (von kleinen Ausrutschern abgesehen).

Was ist hier passiert? Warum konnten die Frauen Möglichkeiten, die sich auch für sie aus der Umstrukturierung ergaben, fast nicht nutzen? Wieso landeten sie da, wo sie auch vorher waren: bei den geringerwertigen Routinearbeiten?

Die Autorin, der ich dieses Beispiel verdanke, hatte den Prozeß der »Arbeitsteilung« in den neu eingerichteten Gruppen nicht verfolgt und war vom Ergebnis selbst überrascht. Untersuchungen aus dem Einzelhandel bestätigen aber: Wenn nicht schon durch Vorgaben der Organisation die Einflußchancen ungleich verteilt werden, sondern es zunächst so aussieht, als könne sich jeder und jede in der neuen Situation bewähren, läuft die Interaktion zwischen Männern und Frauen zuungunsten der Frauen ab. Warum?

Offensichtlich fanden »Geheimverhandlungen« statt. Es gab keine Anordnung von oben, zur alten Arbeitsteilung zurückzukehren. Ohne explizit darüber zu diskutieren hat sich zwischen den Männern und den Frauen ein Aushandlungsprozeß abgespielt, an dessen Ende die alten Verhältnisse standen. Wenn Menschen in Gruppen zusammenarbeiten, finden solche Prozesse immer wieder statt. In Seitenbemerkungen, winzigen Gesten und nebensächlich erscheinenden Entscheidungen wird gefordert, verweigert, genommen und abgegeben. Das geschieht so lange, bis sich eine Ordnung entwickelt hat, mit der alle leben können. Manche sind mit dem Ergebnis zufriedener als andere. Verstörende, irritierende Ereignisse, neue Aufgaben oder Veränderung der Gruppenzusammensetzung machen neue »Verhandlungen« erforderlich.

Wir wissen nicht, was in dem Sparkassenteam passiert ist, aber wir können uns die Entwicklung vorstellen:

Im Einzelcoaching sprechen Frauen immer wieder davon, daß neue Aufgaben ihnen angst machen, **weil sie nicht sicher sind, sie bewältigen zu können.** Ihre Kollegen kennen diese Bedenken nicht, sondern machen sich mit ungleich größerer Zuversicht ans Werk. Sie gehen davon aus, daß es ihnen schon gelingen wird.

Wir können uns vorstellen, daß das Sparkassenteam ganz aufgeregt ist, als es mit der neuen Arbeit endlich losgeht. Sie haben alle ihre Qualifizierung erhalten, nun wird es ernst. Ungewohnte Arbeiten am Computer; der erste Kunde, der nicht nur Geld einzahlen will, sondern sich auch hinsichtlich eines Kredits beraten lassen möchte; die ersten Gehversuche als Verkäufer von Anlageangeboten. – Wir können uns vorstellen, daß manch eine Frau vielleicht ein bißchen zaghaft ist und die ersten Male die Kundenbetreuung ganz gern dem sicherer auftretenden Mann überläßt. Dafür übernimmt sie dann Routinearbeiten – und schon ist eine Entwicklung in Gang gesetzt, die sich so leicht nicht wieder rückgängig machen läßt.

Unangenehm vertraut ist vielen Frauen die Schwierigkeit, sich **abzugrenzen,** sich zugunsten eigener Vorhaben und Bedürfnisse den Wünschen anderer zu verweigern. Allzu leicht lassen sie eigene Ansprüche fallen, wenn ihnen geschmeichelt wird: »Ich weiß, Sie würden mich nicht im Stich lassen.« »Bei niemandem sonst bin ich so sicher, daß die Arbeit gut gemacht wird, wie bei Ihnen!« »Ich brauche Sie jetzt einfach – ohne Sie weiß ich nicht weiter!«. Solche und ähnlich Sprüche verführen die Frauen, zumal wenn sie den Mann ganz nett finden. Sie sorgen schlecht für sich; sie tun ihm den Gefallen und finden sich am Kopierer wieder, während er in der neuen Aufgabe Erfahrung gewinnt und sicherer wird.

Wenn die Frauen standfest bleiben und ihre Interessen nicht aus dem Auge verlieren, kommen sie an den Punkt, an dem sie sich mit dem Gegenüber ernsthaft streiten müßten. Viele Frauen tun das nicht gern; **sie mögen keine Konflikte**, und schon gar nicht mit Männern. Sie haben Angst, ihnen nicht gewachsen zu sein. Wenn sie sich wehren, haben viele »Dosierungsprobleme«. Sie stehen nicht auf besonders vertrautem Fuß mit ihrer Aggressivität und haben kein sicheres Gefühl für die angemessene Dosis. Wenn sie zu zaghaft sind, wird die Dosis zu schwach. Oder sie reagieren zu heftig aus lauter Sorge, sie könnten zu zaghaft sein.

Sie fürchten auch, daß Männer sie abwerten, sie lächerlich machen, sie für unweiblich erklären. Das sind mächtige Waffen, gegen die sich die wenigsten Frauen schützen können.

Sie reden sich selbst gut zu, sie sollten nicht so kleinlich und engherzig sein, und schon sind sie halbwegs bereit, die gerade anstehende unattraktive Aufgabe wieder einmal zu übernehmen.

Leider gerinnt die erst flexibel erscheinende Arbeitsteilung rasch zur Routine. Die Ausnahme, das persönliche Entgegenkommen, wird zur festen Ordnung. Diese ist schwer zu verändern. Denn dann geht es nicht darum, etwas zu behalten, sondern anderen etwas wegzunehmen, was sie bereits besitzen. Es geht auch darum, aus der Rolle, die die anderen der jeweiligen Mitarbeiterin zugeschrieben haben, auszubrechen. Andere, die vom erreichten Status quo profitieren, werden sich dagegen wehren.

Männer und Frauen in Gruppen

Auch eine neue Gruppe fängt nicht bei null an

Wenn Menschen einander in einem Gremium oder in einer Arbeitsgruppe zum ersten Mal begegnen, sind sie dennoch füreinander keine unbeschriebenen Blätter. Es genügen ganz geringe Informationen, und schon liegen ganze Bündel von Verhaltensweisen parat, die wir einsetzen, ohne uns dessen bewußt zu sein.

In einer Gruppe, in der Männer und Frauen zur Lösung einer Aufgabe zusammenarbeiten, erwarten, so lehrt uns die Forschung, beide Geschlechter von Männern, daß sie ein bißchen kompetenter seien als Frauen und ein bißchen mehr zu bieten hätten. Diese Erwartungen formen das Verhalten aller Beteiligter und bestimmen ihre Wahrnehmung dessen, was geschieht.

Am Ende geschieht das Erwartete:

Er macht mehr aufgabenbezogene Vorschläge als sie. Sie erkundigt sich dafür häufiger nach seinen Ideen. Diese bewertet sie eher positiv, ihre eigenen eher negativ. Sie akzeptiert seinen Einfluß auf die anstehenden Entscheidungen. Er spricht mehr als sie, ist überhaupt aktiver; er ist einflußreicher als sie, wenn es um Lösungen geht. Er zeigt mehr Selbstvertrauen und setzt sich besser durch. Schließlich wird er für diese Arbeit auch noch besser belohnt.

Die Kleingruppenforschung zeigt uns, daß sich in einer Arbeitsgruppe ohne formale Leitung in der Regel ein männlicher Leiter herauskristallisiert. Selbst dominante Frauen überlassen weniger dominanten Männern diese Rolle.

So mächtig ist die Zuschreibung des höheren bzw. des niedrigeren Status. Allerdings gibt es Gegenmittel, die die Kraft der Zuschreibung ein wenig abschwächen:

Ohne Ansehen der Person werden Frauen in den Köpfen der Gruppenteilnehmer zunächst auf einen niedrigeren Status gesetzt, und man erwartet von ihnen automatisch geringere Kompetenz als von den Männern. Wenn bereits vor Zusammentreffen der Gruppe Informationen in Umlauf gebracht werden, wonach eine Frau – in Abweichung vom Klischee – über besonders hohe Kompetenz verfüge, dann erweist sich die Wirkung des Stereotyps als etwas schwächer. Allerdings verschwinden diese Annahmen auch nicht einfach. Denn auch die **vor** Beginn der Gruppenarbeit als sehr kompetent gehandelte Frau muß sich **während** der Diskussion den Männern fachlich deutlich überlegen zeigen, um wenigstens als gleichwertig eingestuft zu werden. Die Ausgangslage in solchen Gruppen ist also ungünstig für Frauen, die in ihrer Kompetenz anerkannt werden und ihr entsprechend Einfluß nehmen möchten.[3]

Mrs. Millers Geschichte

Für zwei Jahre hat Mrs. Miller zusätzlich zu ihren Lehrverpflichtungen als Professorin die Aufgabe einer Dekanin in ihrem Universitätsbereich übernommen. Diese Tätigkeit ist interessant und macht ihr Spaß. Es gibt nur eine Situation, in der sie sich immer wieder ärgert und sich auch nicht zu helfen weiß.

Bei den Fakultätssitzungen, an denen sie in dieser neuen Rolle erstmals teilnimmt, konnte sie sich von Anfang an nicht gut behaupten – jedenfalls empfindet sie es so. Andere fallen ihr ins Wort, und sie hat es schwer, ihre Beiträge rechtzeitig loszuwerden. Es ist nicht ihre Art, sich vorzudrängen, sie wartet lange ab, bevor sie etwas sagt – aber wenn sie dann das Wort ergreift, möchte sie auch sprechen können und sie möchte, daß ihre Kolleginnen und Kollegen ihr aufmerksam zuhören. Wenn andere sie unterbrechen oder sie gar nicht reden lassen wollen, ist sie gekränkt und ärgert sich.

In ihrem Beruf, so berichtet sie mir bei einem gemeinsamen Abendessen, konzentriert sie sich auf die Arbeit mit den Studenten und auf eigene Forschungen. Gremientätigkeit mag sie nicht. Statusfragen interessieren sie nicht. In Fachorganisationen engagiert sie sich sehr ungern. Sie möchte ungehindert ihre eigentliche Arbeit tun und empfindet all diese Aktivitäten als Störung. Über ihre Erfolge spricht sie nicht. Und das Amt der Dekanin hat sie nur übernommen, weil sie an der Reihe war und es nicht vermeiden konnte.

Sie erklärt sich ihre Schwierigkeiten in der Sitzung mit dem energischeren und aggressiveren Verhaltensstil ihrer Kollegen.

Sie sieht das Gremium kontextfrei. Es kommt ihr nicht in den Sinn, daß jedem Mitglied in der Gruppe aufgrund externer Kriterien schon ein Status zugeteilt wurde, der das Verhalten der anderen steuert. Dieser Status wirkt und wird dann verstärkt oder geschwächt durch den Beteiligungsstil der einzelnen Sitzungsteilnehmer und -teilnehmerinnen.

In unserem Gespräch bestätigt Mrs. Miller, daß das wohl so sei. Sie möchte aber daraus keine Konsequenzen ziehen. Sie zieht es vor, ihre Rolle wie bisher zu spielen. »Es ist ja nur noch ein knappes Jahr«, meint sie.

Gegensteuern 1: Vorbeugende Maßnahmen

Nicht alle Frauen sind bereit, sich mit der oben geschilderten Situation einzurichten. Was wäre zu tun?

Die erste Handlungsoption, deren Möglichkeiten auszuloten sind, besteht darin, den anderen Sitzungsteilnehmern schon vor dem Zusammentreffen der Gruppe klarzumachen, daß Sie eine statushohe Person sind. Dazu müßten Sie zunächst die Überzeugung aufgeben, daß Ihr Erfolg allein von Ihrem Verhalten während des Treffens, von Ihrer persönlichen Tüchtigkeit abhängt.

Wie können Sie die anderen Beteiligten »richtig« einstimmen, so nämlich, daß Sie von vornherein als statushoch gehandelt und dann auch behandelt werden? Das ist zugegebenermaßen nicht ganz einfach, wie alle Maßnahmen des »Gegensteuerns«. Denn wir müssen uns gegen die von Männern und Frauen – also auch von uns selbst – geteilten Überzeugungen von der höheren Kompetenz der Männer verhalten.

Am leichtesten ist es für Frauen, die ohnehin statusbewußt sind und die dafür gesorgt haben, daß ihnen – wohin sie auch kommen – der Ruf vorauseilt, sie seien tüchtig und einflußreich.

Aber auch Mrs. Miller hat Möglichkeiten – sie müßte sie nur nutzen. Sie hat nämlich ein Amt, das von sich aus schon der eigentlich bei einer Frau erwarteten niedrigeren Kompetenz widerspricht. Sie kann einiges für eine respektvollere Einstimmung der Sitzungsteilnehmer tun, indem sie den Status des Amtes nutzt.

Das widerstrebt vielen Frauen, die gern egalitäre Beziehungen hätten. Vergessen Sie nicht, Sie starten nicht als Gleiche unter Gleichen, sondern Sie haben eine schlechtere Ausgangsposition. Also, tun Sie etwas dafür, daß das Gefälle abnimmt. Beeindrucken Sie die anderen mit dem Status Ihres Amtes. Kehren Sie ihn heraus, anstatt ihn zu unterschlagen.

Sorgen Sie dafür, daß das Amt bei jedem Kontakt mit den Sitzungsteilnehmern erscheint oder erwähnt wird. Sorgen Sie dafür, daß es kraftvoll erwähnt wird: Nicht »Das Büro der Dekanin lädt ein« und auch nicht »Das Dekanat lädt ein« sondern: »Die Dekanin lädt ein«.

Gestalten Sie die Tagesordnung. Lassen Sie nicht im Vorfeld den Eindruck entstehen, Sie verstünden Ihre Rolle als die einer Moderatorin, die hauptsächlich Wortmeldungen entgegennimmt. Machen Sie deutlich, daß Sie die Sitzung zu leiten gedenken und Ablauf und Inhalt in der Hand haben werden. Vorschläge und Ideen anderer sind willkommen – wichtige Anliegen bekommen Raum, aber die Leitung liegt in Ihrer Hand.

Schauen Sie einmal über den Tellerrand – wie macht es der Kollege, den Sie immer als angeberisch empfunden haben? Er legt einem Rundschreiben eine Information über seine neueste Veröffentlichung bei? Irgendjemand hat gestreut, daß er gerade dabei ist, ein finanziell sehr gut ausgestattetes Forschungsprojekt an Land zu ziehen ...?

Möglicherweise bringt Sie das auf neue Ideen.

Wie Frauen sich ausschalten lassen und wie Männer Frauen zum Verstummen bringen

Jüngling (1995) hat das Verhalten von Männern und Frauen in Arbeitsgruppen, d. h. in Gruppen, die eine bestimmte Leistungsaufgabe zu erfüllen hatten, untersucht. Sie wollte herausfinden, ob Männer und Frauen in der Diskussion auf unterschiedliche Weise versuchen, Einfluß auf Entscheidungen zu nehmen. Die Gruppenteilnehmer wurden beobachtet, und ihr Sprachverhalten wurde in Kategorien eingeteilt.

Im Unterschied zu Frauen versuchten Männer zu bestimmen und zu führen, indem sie **Behauptungen aufstellten** – »Es ist ja bekannt, daß diese Lösung sich besonders bewährt hat!« und indem sie andere **Personen negativ bewerteten** – »Sie haben ja keine Ahnung!«

Die Abwertung anderer erwies sich als **das** Hauptmerkmal männlichen Diskussionsstils. Frauen **unterbrachen** andere häufiger als Männer, um sich Gehör zu verschaffen.

Wir können uns leicht vorstellen, daß die männlichen Verhaltensweisen gegenüber Frauen erfolgreich waren. Viele Frauen haben gelernt, Männer als Autorität anzusehen, und oft sind Reste dieser weiblichen Gläubigkeit wirksam. Sie sind es außerdem gewohnt, daß andere ihnen die Welt erklären. Wenn also Männer Behauptungen aufstellen, kommen sie oft damit durch, weil wir Frauen das gar nicht bemerken. Also wehren wir uns nicht, sondern nehmen die Behauptung als Grundlage für die nächste Gesprächsphase. Der Gesprächspartner hat sich mit seiner Definition der Wirklichkeit durchgesetzt. Auf diese Weise werden neue Ideen für unrealistisch erklärt, Lösungswege als zu teuer verworfen – obwohl noch gar niemand gerechnet hat –, Einschätzungen von Menschen und Situationen als Wahrheiten ausgegeben. Auf diese Setzungen baut das nachfolgende Gespräch auf. So wird die Richtung der Diskussion bestimmt, und Entscheidungen werden auf diese Weise angesteuert.

Noch wirkungsvoller ist die Abwertung. Bei persönlicher Abwertung sind Frauen oft sprach- und wehrlos. Sie fühlen sich getroffen und verletzt. Sie können solche Abwertungen nicht sportlich nehmen, als zum Spiel gehörig. Sondern sie nehmen sie ernst und persönlich. Es ist, als räumten sie ihren Gesprächspartnern das Recht ein, über ihren Wert zu urteilen. Die Zuschreibungen und Unterstellungen anderer haften an ihnen und verdecken ihr wirkliches Wesen. Sie verlieren ihre eigenen Sicherheiten. Vielleicht sind sie wirklich so, wie die Abwerter es behaupten? Von der Fülle der Abwertungsstrategien, die die Presse gegen Frauen einsetzt, die sich unbeliebt gemacht haben, können Sie einen Eindruck bekommen aufgrund der Untersuchung von Silke Ude und Barbara Schaeffer-Hegel.[4]

Abwertungsstrategien in der Presse

(Nach Ude/Schaeffer-Hegel, 1998)

Berufung auf Autoritäten: In einem Artikel wird die eigene Meinung durch Berufung auf eine bekannte Person indirekt ausgedrückt.

Berufung auf die Öffentliche Meinung: Die Öffentlichkeit oder eine andere anonyme Masse wird als Kritikerin zitiert.

Einseitige Zitatenauswahl: Von Pressekonferenzen, Diskussionen o.ä. Veranstaltungen werden nur die negativen Wortbeiträge dokumentiert.

Diskriminierende Wortwahl: Scheinbar wertneutrale Meldungen werden durch die Wahl stark negativ getönter Worte eingefärbt.

Wiederholung früherer Vorfälle: Längst vergangene Kritikpunkte werden immer wieder neu »eingerieben«.

Irreführende negative Gewichtung: In einem Artikel werden überwiegend frühere Kritikpunkte referiert, obwohl er laut Überschrift von etwas anderem handeln soll.

Anspielung auf Weiblichkeit: Verhaltensweisen werden als »typisch weiblich« kritisiert.

Widersprüchliche Erwartungen: Jedes Verhalten erscheint verkehrt; die Erwartungen widersprechen einander.

Gegensteuern 2: Abwertungen umwerten

Damit Sie nicht verletzt verstummen müssen, sondern in Gruppen präsent sein und mitverhandeln können, ist es wichtig, den Abwertungen zu begegnen. Außerdem, bei Licht betrachtet: warum sollten wir anderen das Recht einräumen, über unseren Wert zu entscheiden? Warum sollten wir anderen erlauben, unsere Eigenart zur Macke zu erklären? Ist sie nicht vielleicht unser Gütesiegel?

Abwertende Aussagen schöpfen ihre negative Kraft aus unterschiedlichen Quellen: Frauen sind es eher gewohnt als Männer, daß andere ihnen sagen, wie sie sind, wer sie sind und was sie sind. Sie räumen ihnen das Recht ein, sie zu taxieren und zu bewerten. Sie lassen es sich gefallen und glauben den Abwertungen. Der patriarchale Rest in den meisten von uns stimmt den Männern zu, wenn sie sich selbst überschätzen. Und immer wieder geschieht es, daß Frauen die Abwertung gar nicht gleich verstehen und sich noch für den Kommentar bedanken.

Bei vielen Frauen trifft die abwertende Äußerung auf einen tief sitzenden Zweifel, der meistens stillschweigt, sich aber bei solchen Anlässen bemerkbar macht. »Bin ich vielleicht wirklich zu laut, zu still, hysterisch, nicht fleißig genug, unbeholfen, zu männlich, zu weiblich, dumm, ein Blaustrumpf usw. usw.?« Und wer sind Sie dann, wenn Sie zu laut sind? Wer sind Sie, wenn Sie ein Blaustrumpf sind? Na, wer denn, vielleicht Frankensteins Monster? Wer unsicher ist, etwas wert zu sein, räumt den Bewertungen anderer viel Platz ein.

Manche Sorten von Killerphrasen hören Frauen häufiger. Dann denken sie: »Da muß ja wohl was dran sein.« Muß es nicht! Vergessen Sie nicht: Die Zahl der Klischeevorstellungen von Männern über Frauen (und umgekehrt) ist begrenzt. Besonders wenn eine Frau aufgehalten werden soll, die dabei ist, männliches Terrain zu betreten oder den anwesenden Männern ein Statusgefecht zu liefern, greifen die Herren allzu gern in die Tüte mit den Klischees von der Unweiblichkeit. Sie zu vermuten zu Recht, daß sich darin die ganz besonders wirksamen Stopper befinden.

Wie wichtig sind Ihnen die Beteiligten? Wollen Sie die Entscheidung darüber, wie eine Frau zu sein hat – und ob Sie nach diesen Kriterien eine sind – wirklich in deren Hände legen? Oder möchten Sie es doch lieber selbst entscheiden?

Wehren Sie sich nicht gegen eine Abwertung, verteidigen Sie sich nicht, erklären Sie sich nicht – nehmen Sie sie an, und machen Sie eine Ihnen wertvolle Eigenart daraus – möglicherweise Ihr Gütesiegel! Probieren Sie es mal, es funktioniert.

Gert Ruge macht es uns allen vor:[5] Aus Anlaß seiner neuesten Reportagen über Südafrika fragt ihn ein Journalist: »Herr Ruge, sind Ihre Fragen nicht etwas naiv?« Und er antwortet: »Das hoffe ich doch!« – Von Männern lernen!

Frau Lauters Geschichte

Frau Lauter ist vor kurzem in das Redaktionsteam der renommierten Fachzeitschrift eingetreten. Sie wurde von einem Kollegen vorgeschlagen. Alle fünf Teammitglieder sind Herausgeber und Redakteure in einem. Die Arbeit ist ehrenamtlich. Das Redaktionsteam trifft sich zweimal im Jahr.

Frau Lauter weiß die Ehre zu schätzen und nimmt an den ersten Sitzungen innerlich aufgeregt teil. Sie macht sich viele Gedanken, wie sie in die bestehende Gruppe hineinkommen und wie sie sich dort einen Platz verschaffen könnte.

Aber in den Diskussionen hat sie keine Probleme. Immer wenn sie etwas sagen möchte, sorgt der Kollege, der sie vorgeschlagen hat, dafür, daß alle ihr zuhören. Er hält das Gespräch gewissermaßen an und sagt: »Was wolltest du sagen, Claudia?« Wenn sie länger geschwiegen hat, fragt er sie um ihre Meinung. Da er in der Gruppe einen hohen Status hat, gelingt ihm das ohne Schwierigkeiten. Er sorgt auch dafür, daß ihre Beiträge nicht vergessen werden: ». . . wie Claudia schon vorhin gesagt hat . . .« Offenbar versteht er sich als ihr Mentor. In seinem Kielwasser segelt sie ganz flott dahin und freut sich, daß sie es recht leicht hat.

Als Frau Lauter nach ein paar Monaten ein von ihr geplantes Heft vorstellt, regt sich ihr »Mentor« schrecklich auf. Ein Artikel, den sie angenommen hat, gefällt ihm überhaupt nicht. Vielleicht hat ihn auch nur der Verfasser geärgert? Das bleibt unklar. Jedenfalls besteht er darauf, daß der Artikel aus dem Heft genommen wird. Frau Lauter soll den Verfasser anrufen und ihm die Entscheidung als ihren Beschluß mitteilen. Sie fügt sich.

Aber sie kann diese Situation nicht vergessen. Wenn sie die Hilfe des Kollegen annimmt, muß sie auch dafür bezahlen – das ist ihr klar.

Wie aber will sie sich in Zukunft gegenüber der unerbetenen Unterstützung verhalten? Wenn sie es doch nur wüßte!

Gegensteuern 3: Mitsteuern

Frauen sind in der Regel nicht erfolgsverwöhnt. Sie können nicht davon ausgehen, daß ihnen gute Rangplätze in der Gruppe kampflos überlassen werden. Und sie sollten nicht davon ausgehen, daß so ein Rangplatz nicht wichtig sei. Im Gegenteil, ihre von den anderen Gruppenmitgliedern wahrgenommene Ranghöhe entscheidet darüber, welche Verhaltensweisen ihnen zugestanden und für welche sie bestraft werden, und wie sie ihre Inhalte voranbringen können.

Statushohe Gruppenmitglieder können sich z. B. Konfrontation leisten oder auch Aggression, statusniedrige sollten lieber kooperieren oder sich auf indirekte Taktiken der Einflußnahme spezialisieren, wenn sie »Bestrafung« durch andere Gruppenmitglieder vermeiden wollen.

Auch wenn Ihr externer Status hoch ist und Sie ihn rechtzeitig einbringen, ist damit die Angelegenheit noch nicht ausgestanden. Denn wenn die Gruppe nun tatsächlich zusammentritt, wird erneut heftig, wenn auch verdeckt, um Einfluß und Status geschachert.

Sie können statushohe Gruppenmitglieder nutzen und sich in ihren Schutz begeben. Dort sind Sie erst einmal vor Testfragen und Angriffen sicher, so wie Frau Lauter. Allerdings wird erwartet, daß Sie, wenn die Situation da ist, zahlen, ohne zu murren. Und wenn Ihr Beschützer fällt, fallen Sie mit.

Die wichtigste Regel in dieser beiläufigen, unsichtbaren Verhandlung ist: Mischen Sie mit! Vorsichtiges Abwarten wird nicht mit einem hohen Rangplatz belohnt.

Suchen Sie sich einen guten Sitzplatz in der Runde, einen, von dem aus Sie alle sehen können und von allen gesehen werden.

Verzichten Sie auf pflegerische und vermittelnde Beiträge, die Frauen gern überlassen werden und die wir gern übernehmen. Es geht jetzt nicht darum, zu vermitteln, Situationen zu entspannen, andere für ihre interessanten Beiträge zu bewundern, unterschiedliche Meinungen zusammenzuführen – diese Tätigkeiten sind wichtig, aber sie werden nicht mit Status und Einfluß belohnt. Probieren Sie doch mal, sich anders zu profilieren. Das setzt allerdings voraus, daß Sie vorbereitet sind, daß

Sie wissen, was Sie wollen und wen Sie gewinnen müssen, um Erfolg zu haben.

Positionieren Sie sich, ergreifen Sie die Initiative; beziehen Sie sich auf die Sache, die Aufgabe. Strukturieren Sie das Vorgehen, machen Sie Vorschläge zum Inhalt. Achten Sie darauf, daß Sie nicht vor allem Fragen stellen und andere einladen, ihre Vorstellungen auszubreiten. Prüfen Sie Behauptungen und korrigieren Sie sie – entweder direkt und frech: »Das stimmt nicht!« oder sachlich-neutral: »Im Report X steht folgendes ...«, wenn Sie sie für falsch halten. Gehen Sie bei Kritik nicht gleich in die Knie, sondern überdenken Sie das Gesagte, nehmen Sie Stellung, geben Sie den Ball zurück.

Beziehen Sie sich mit Ihren Bemerkungen auf die Aussagen anderer, stützen Sie deren Vorschläge, wenn sie Ihnen zusagen – aber setzen Sie sich nicht reflexartig für die Schwächeren ein – sonst gehören Sie selbst bald dazu –, sondern diskutieren Sie mit den Starken. Sie werden für Ihren eigenen Rang davon profitieren.

Leider reicht es nicht aus, sich in der Sache zu profilieren, es geht auch darum, die Zugehörigkeit zu sichern. Frauen, die sich nonkonform verhalten, geraten leicht in eine Außenseiterposition – und Außenseiter sind weder statushoch noch einflußreich.[6]

Rechnen Sie mit Gegenwind. Ihre Mitspieler werden Ihnen nicht kampflos einen einflußreichen Platz zubilligen. Wahrscheinlich haben Sie es nicht leicht, denn Sie verhalten sich nicht, wie man es von Ihnen erwartet. Einen klaren, selbstbewußten Stil finden viele Männer bei einer Frau unsympathisch, weil sie ihren eigenen Platz bedroht fühlen. Es gibt einen Ausweg. Aber ob Ihnen der gefällt? Es hat sich als besonders erfolgreich erwiesen, wenn Frauen ihre offensichtliche Absicht, Einfluß zu nehmen, mit »Nettigkeit« verbinden – also mit freundlichen nonverbalen Signalen und der ebenso offensichtlich gezeigten Bereitschaft zur Kooperation.[7]

Frauen sind dafür bekannt, daß sie ein Auge für das zwischenmenschliche Geschehen haben, für die Entwicklung der Beziehungen, die Atmosphäre, die vorhandenen, aber nicht erwähnten Konkurrenzen. Nutzen Sie diese Fähigkeit in der Statusfrage zu Ihrem eigenen und zum Vorteil der Gruppe! Wenn Sie zu zaghaft sind, werden Sie übergangen, wenn Sie zu forsch auftreten, droht großer Widerstand, gar Ausschluß. Überfordern Sie die Gruppe nicht. Geben Sie Ihren Mitstreitern die Chance, immer wieder ihre persönlichen und die kollektiven Grenzen ein wenig zu überschreiten.

Wenn Sie lernen, auf das Prozeßgeschehen zu schauen, können Sie Ihre intellektuelle und Ihre emotionale Kraft für die Weiterentwicklung der Gruppe einsetzen und auf diesem Wege selbst mehr Raum gewinnen.[8]

Vorsicht, Rollenangebote!

Wenn Männer in Gruppen zusammenarbeiten, versuchen sie, die Beziehung zwischen sich und anderen Beteiligten schnell und ohne Zögern als eine der Überlegenheit-Unterlegenheit, also mit Gefälle zu definieren. Sie tun dies natürlich nicht mit Worten und ausdrücklich, sondern durch Signale und Verhaltensweisen. Sie nehmen sich z. B. das Recht heraus, die Beiträge anderer zu zensieren. Mit ausdrucksvollem Mienenspiel begleiten sie das Reden der Kollegen. Sie loben und sie tadeln. Sie halten das Gespräch an und verweisen darauf, daß Herr X etwas sagen wollte, aber nicht zu Wort gekommen sei. Damit helfen sie nicht nur X, sondern sie definieren die Beziehung zwischen sich und X als eine von Helfer und jemandem, der Hilfe nötig hat – und sie definieren die Beziehung zwischen sich und dem Rest der Gruppe als Wächter und Lenker des Gesprächs.

Sie signalisieren, die Beziehung zwischen ihnen und einem oder einer anderen sei eine zwischen Lehrer und Schüler – gekennzeichnet durch Wohlwollen, durch die Bereitschaft, den anderen am eigenen Wissen und Können teilhaben zu lassen, aber auch durch Ungeduld oder Herablassung. Sie machen sich zum Auftraggeber, die anderen zu den Ausführenden. Sie setzen sich in die Rolle des Papstes und bieten den anderen den Part der Gläubigen an.

In der Zusammenschau fügen sich die einzelnen Verhaltensweisen zu einer Rolle: der Lehrer, der geduldige Helfer, der

Vater, der Beschützer etc. Und jede dieser Rollen hat einen Gegenspieler, eine Komplementärrolle. Diese »Rollenpaare« brauchen einander, bedingen einander – sie können nicht ohne einander sein. Was wäre ein Lehrer ohne Schüler, ein Beschützer ohne einen Schützling usw.? Jeder hat seine Lieblingsrollen, die ihm vertraut sind, die er immer wieder gern spielt oder in die er, ohne es zu merken, hineinrutscht.

Wenn Männer in der oben beschriebenen Form versuchen, die Macht zu ergreifen, haben andere Männer damit kein Problem – sie nehmen die angebotene Beziehung an, oder sie setzen ihre eigene Definition dagegen. Damit kommen sie durch oder auch nicht. Entweder sie sind überlegen oder unterlegen. Als Männer können sie anderen Männern gegenüber sowohl das eine als auch das andere sein.

Die Rollen, die in Arbeitsgruppen und Gremien für Frauen im Angebot sind, erweisen sich unter Status-Gesichtspunkten als nicht sonderlich attraktiv. Kein Wunder, denn: »Frauen müssen sich mit der männlichen Inszenierung der Stücke arrangieren und Rollen spielen, die Männer entworfen haben.«[9]

Wenn man nur immer wüßte und rechtzeitig merken würde, welche Rolle einem da angeboten wird! Das geschieht ja nicht direkt, sondern wie nebenbei. Nichtsahnend sind Sie schon auf die angebotene Beziehung eingegangen und haben begonnen, die Gegenrolle zu spielen. Was ist denn auch problematisch daran, wenn jemand einem in der Gruppe Platz schafft? Warum wachsam sein, wenn jemand Sie bei Angriffen in Schutz nimmt? Warum sollte es wichtig sein, genau hinzuhören, wenn Sie gelobt werden?

Frauen sind viele dieser Beziehungsangebote lieb und vertraut. Sie waren oder sind gern Töchter, sie finden, daß Fürsorglichkeit keine schlechte Eigenschaft ist. Sie lassen sich auch gern einmal helfen – da fällt ihnen kein Zacken aus der Krone.

Aber sie merken oft erst sehr viel später, daß sie damit Einfluß aus der Hand gegeben haben. Sie haben sich abhängig gemacht. Ihre Rolle ist auf hochstehende Zuarbeiten begrenzt. Wenn es ernst wird, zeigt sich, daß Loyalität, nicht Konkurrenz erwartet wird. Also, Achtung bei verführerischen Angeboten!

Zur Anregung und zur Selbstprüfung hier einige Rollenlisten anderer Autoren

Gareth Morgan (1997, S. 263) unterscheidet folgende weibliche Einflußstrategien:

Königin Elisabeth I.: Regiere mit starker Hand, und umgib dich soweit wie möglich mit unterwürfigen Männern.

Die First Lady: Gib dich zufrieden, Macht hinter den Kulissen auszuüben: eine Taktik, die von vielen »mit der Firma verheirateten Frauen« wie Chefseketärinnen oder Vorstandsassistentinnen, angewendet wird.

Die Unsichtbare: Sei möglichst zurückhaltend, passe dich soweit wie möglich deiner Umgebung an, und übe dabei in jeder nur denkbaren Form Einfluß aus.

Die Übermutter: Festige deine Macht durch Fürsorge und Zuwendung.

Die Emanzipierte: Sei unnachgiebig, und laß dir nichts gefallen, sei direkt, und setzte dich immer für die Macht der Frauen ein.

Die Amazone: Sei Anführerin der Frauen. Dieser Verhaltensstil ist vor allem dann erfolgreich, wenn eine starke Koalition durch gleichgesinnte Frauen in einflußreichen Positionen geschaffen werden kann.

Dalila: Setze deine Verführungskünste ein und gewinne Leute in Schlüsselpositionen innerhalb männlich dominierter Organisationen für dich.

Johanna von Orleans: Nutze die Macht der gemeinsamen Sache, um dich über die Tatsache hinwegzusetzen, daß du eine Frau bist, sichere dir allgemeine männliche Unterstützung.

Die Tochter: Finde eine »Vaterfigur«, die bereit ist, als Förderer und Mentor zu fungieren.

Rastetter (1992) unterscheidet:

Die Mutter: verständnisvoll und versorgend, schafft ein gutes Klima, ist warm und menschlich, fördert den Teamgeist. Sie ist ziemlich sicher vor sexuellen Angeboten und vor der Rivalität der Männer. Die Männer werden zu Söhnen, z. B. zu tapferen Kriegern, die den Ruhm einheimsen.
Die Mutter wird für Dienstleistungen belohnt und nicht für unabhängiges Handeln. Vor den mächtigen Seiten der Mutterrolle fürchten sich die Männer; sie erwarten daher, daß die Mutter ihre Rolle als akzeptierende, »gute Mutter« spielt. Tut sie es nicht, wird sie bestraft.

Der Vater und das kleine Mädchen: »Die liebe Tochter erfreut die Männer durch ihre Anwesenheit, denn sie zollt ihnen Anerkennung und bestärkt sie in ihrem männlichen Selbstbewußtsein. (...) In der Maskerade der Sanften, Asexuellen delegiert sie den Wunsch nach Macht an den Mann und verstärkt dessen Illusion männlicher Überlegenheit. (...) Männer integrieren gern solche Frauen in ihr Arbeitsfeld, weil sie in ihnen gespiegelt und erhöht werden.« (S. 239f.)

Die Verführerin und der Macho: »Die Rolle der V. ist prekärer als die Mutterrolle, da die Männer um die Gunst der Frau konkurrieren und (...) erwartet wird, daß sich die Frau (...) für einen Mann entscheidet (...).
Schließt sie mit einem meist statushohen Mann einen Bund, begibt sie sich in dessen Abhängigkeit (...) Das Bündnis mag der Frau mehr Sicherheit geben, erschwert aber ihre Integration in die Gruppe (...) Der Gewinn der Frauen in der Verführerin-Rolle liegt in der Anerkennung ihrer Weiblichkeit und Attraktivität.« (S. 240f.)

Die Amazone und ihre Gegner: Die Frau, die sich in keine der klassisch weiblichen Rollen fügt, gilt oft als unweiblich. Manche beschreiben sie als »eiserne Lady«, als hart, gefährlich, unweiblich. Sie darf keine Schwäche zeigen. Sie enttäuschen Frauen, da sie keine Mutterrolle für diese Töchter übernehmen, und sie führen den Männern die Unzulänglichkeit ihrer Männerrolle vor. (S. 245f.)

Welche Gruppenrolle hätten Sie gern?

Auf der Suche nach einer Gruppenrolle, die nicht nur auf der Beziehungs-, sondern auch auf der Sachebene einflußreich und sichtbar ist, betreten Sie Neuland. Es liegt da keine bereit, in die Sie nur hineinzuschlüpfen bräuchten, keine, die Sie nur ein bißchen variieren müßten, um diesen Anspruch zu erfüllen. Selbst wenn sie bereit läge – Sie können nicht jede beliebige Rolle spielen. Sie muß zu Ihnen passen und Ihren Bedürfnissen entsprechen.

So schön es wäre, sich selbst einmal ganz neu entwerfen zu können – wir tragen unsere Vergangenheit mit uns, unsere Lebenserfahrung, unsere Verhaltensmuster – und auch unsere Gruppenrollen. Das hat ja auch sein Gutes. Aber wenn Sie etwas verändern wollen, sollten Sie sich mit Ihrer Gruppenrolle befassen, damit der Prozeß des Lernen und des Verlernens dort ansetzt, wo Sie jetzt stehen.

Wo also stehen Sie?

Der Wunsch nach Sichtbarkeit ist nur eines von etlichen Bedürfnissen, die unsere Gruppenrolle erfüllen sollte. Manche Menschen fühlen sich nur wohl, wenn andere ihnen nahe sind. Sie werden daher einiges tun, um in einer Gruppe solche Nähe herzustellen. Es gibt aber auch Personen, die diese Nähe als bedrohlich empfinden und sich nur in einer Rolle wohl fühlen, die größere Distanz erlaubt. Einige brauchen eine gesicherte Zugehörigkeit in der Mitte der Gruppe – andere können und wollen mit einer Position am Rande und einer lockeren Verbindung gut leben. Manche brauchen die Auseinandersetzung. Sie suchen den Konflikt und den Streit, um so Kontakt aufzunehmen – andere sind innerlich nur ruhig, wenn Frieden herrscht. Sie tun viel, um Harmonie zu erhalten oder wieder herzustellen. Es gibt Menschen, die nie ganz sicher sind, ob sie auch wirklich anerkannt werden, und es gibt solche, die sich jeder Gruppe mit der Gewißheit, sie würden schon geliebt werden, anschließen.

Solche Bedürfnisse tragen wir in die Gruppe hinein. Wir bringen sie mit aus unserem bisherigen Leben. Schon die Familie ist eine kleine Gruppe, in der wir unsere Rolle zugewiesen bekommen und erobert haben. Wir verhalten uns so, daß sie möglichst erfüllt werden, unter Umständen aber auch so, daß sie gerade nicht in Erfüllung gehen, weil wir sie sowohl ersehnen als auch fürchten.

Für die Frage: Wie können Sie in einer arbeitenden Gruppe mehr Einfluß gewinnen, ist wichtig, daß Sie Ihre »Lieblingsrolle« kennen. (Damit ist nicht unbedingt die Rolle gemeint, die Sie besonders lieben, sondern eher die, die Ihnen vertraut ist und die Sie häufig spielen.)

Wenn Sie anfangen, darüber nachzudenken, erfahren Sie etwas über Ihr eigenes Frauenbild und Ihre persönlichen Bedürfnisse. Vielleicht sind Sie konventioneller, als Sie dachten, vielleicht auch abhängiger von der Meinung anderer, als Sie es gern wären – möglicherweise auch viel weniger abhängig. Eventuell möchten Sie nur einflußreich sein unter der Bedingung, daß Sie auch gemocht werden – und stellen fest, daß sich beides nicht immer verbinden läßt.

Es kann aber auch geschehen, daß Sie eine neue Entschlossenheit in sich entdecken, Experimente zu riskieren. So ein Experiment bestünde zum Beispiel darin, nicht zu warten, sondern eine Beziehung einmal anders zu definieren, so, wie Sie sie haben möchten. Wie kann dieses »anders« aussehen? Allzu viele Modelle gibt es nach wie vor nicht, von denen Frauen sich anregen lassen könnten, aber es sind mehr als noch vor ein paar Jahren. Lassen Sie Ihren Blick schweifen: Vom Arbeitsplatz über Freundinnen und weibliche Familienmitglieder zu Zeitungsberichten, Fernsehauftritten und Kinofilmen![10]

Denn wenn Sie sich vornehmen, ab und an ein neues Verhalten in Gruppen auszuprobieren, brauchen Sie eine Zielvorstellung, ein Bild von sich selbst in der jeweiligen Gruppe, das Sie anstreben. Denken Sie daran, daß jede Rolle, die Sie spielen möchten, mit den anderen Gruppenmitgliedern auch noch ausgehandelt werden muß, denn deren Rollen sind davon betroffen. Je deutlicher Sie also Ihr Ziel vor Augen haben, desto weniger leicht sind Sie bei den vielen Entscheidungen zu beirren, die Sie treffen müssen:

»Soll ich diese Bemerkung durchgehen lassen oder mich zur Wehr setzen?« »Soll ich noch warten oder schon was sagen?« »Soll ich den Kollegen kritisieren oder das lieber den anderen überlassen?« »Soll ich jetzt eine Zwischenbilanz anregen oder nicht?«

Einige einflußreiche Frauenrollen, die mir begegnet sind:

Die Spezialistin
Erhebt den Anspruch, Sachautorität zu haben, und setzt diesen Anspruch auch durch. Sie streitet nicht und läßt sich nicht auf heftige Debatten ein, sondern sie weiß es einfach besser. Sie kann dieses Wissen auch belegen und unzutreffende Behauptungen anderer als solche entlarven. In kniffligen Fragen wird sie als Entscheiderin angesprochen. Sie verhält sich nicht rechthaberisch, aber in der Sache äußerst genau. Falsche Bescheidenheit liegt ihr fern. Sie ist sich ihres eigenen Wertes und ihrer Bedeutung für die Gruppe bewußt. Denn ihr Wissen kommt jedem einzelnen und der Gruppenleistung zugute.

Die knallharte Konkurrentin
Die Männer sagen von ihr: Sie hat Haare auf den Zähnen. Sie ist tüchtig und energisch und läßt den Kollegen nichts durchgehen. Sie kennt ihren Wert und tritt für sich ein. Sie steckt ein, aber sie teilt auch aus. Geliebt wird sie nicht, aber die Männer zollen ihr Respekt. Mit Schwächeren hat sie weniger Geduld als ihre Kollegen. Ihr wurde schließlich auch nichts geschenkt. Obwohl sie immer mitfeiert und kein Kind von Traurigkeit ist, scheint sie ein wenig einsam. Aber damit hat sie sich eingerichtet.

Die Frau für persönliche Verwicklungen
In jeder Gruppe, die über einen längeren Zeitraum zusammenarbeitet, gibt es Spannungen. Hartnäckige Konkurrenten behindern den Fortgang; zwei Parteien stehen sich ziemlich unversöhnlich gegenüber; die Atmosphäre ist gespannt, ohne daß jemand weiß, warum; ein Außenseiter gefährdet den Arbeitserfolg. Die Auflösung dieser und anderer Verwicklungen kann eine Frau übernehmen. Sie wird dafür geschätzt und respektiert. In diesen Phasen der Gruppenarbeit wird ihr viel Einfluß zugestanden. Die Frage ist, ob sie damit Lorbeeren oder Bundesgenossen für ihre Sachposition gewinnen kann.

Der kluge Schalk
Manche Frauen verbinden Brillanz in der Sache mit Witz und leichter Hand. Sie wirken weder als Frau noch als Fachfrau bedrohlich und rufen daher keine Aggressionen hervor. Im Gegenteil, sie bringen Gelächter in die Gruppe und zugleich inhaltlichen Fortschritt. Andere überlassen sich ganz gern ihrer Führung, vor allem, um nicht miteinander konkurrieren zu müssen.

Spezialfall »token« – als einzelne Frau in einer Männergruppe

Als »token«, als Symbol, bezeichnet Kanter (1977) die Vorzeige-Frau in einer Männergruppe, den Vorzeige-Schwarzen in einer weißen Gruppe. Durch ihre Gegenwart soll Gleichbehandlung demonstriert werden; in Wirklichkeit ist es eine leere Geste. Mehr noch, diese Personen sind in einer ganz besonderen Situation, mit der sie nach besten Kräften fertig werden müssen. Kanter hat die Situation und die Einflußmöglichkeiten solcher »token« untersucht und dazu ihre eigenen Vorstellungen entwickelt.[11]

Die besondere Situation des »tokens«

Wenn eine Frau in einer Gruppe »die einzige« ist, setzt das bestimmte Wahrnehmungsmechanismen in Gang. Eine einzelne Frau in einer Männergruppe ist sichtbarer und bekommt mehr Aufmerksamkeit als ihre Kollegen.

Die anderen werden sich ihrer Gemeinsamkeiten als Männer und ihrer Unterschiede zu der einzelnen Frau bewußter. Die menschliche Wahrnehmung ist so konstruiert, daß sie die Unterschiede zwischen token und Majorität verzerrt, d. h. vergrößert.

Die einzelne Frau wird besonders leicht klischeehaft wahrgenommen. Ihre Eigenschaften und Verhaltensweisen werden in der Wahrnehmung der anderen verzerrt, bis sie dem Stereotyp der Gruppenmitglieder entsprechen. Es ist paradox: Die token-Frau ist sichtbar wie sonst keiner, aber ihre Chancen, als Individuum gesehen zu werden, sind besonders gering.

Die Folgen sind beträchtlich

1. Die hohe Sichtbarkeit ist ein Problem. Sie setzt die Frau ganz besonderem Leistungsdruck aus. Immer steht sie im Rampenlicht. Oft entwickelt sie eine für die Öffentlichkeit bestimmte Maske, hinter der sie ihre wirklichen Gefühle verbirgt.

Die token-Frau wird nicht als Individuum, sondern als Vertreterin aller Frauen angesehen und angesprochen. Die Frage: »Was sagen Sie denn als Frau dazu?« zeigt, daß sie als Individuum verschwunden und nur noch als Vertreterin ihres Geschlechts sichtbar ist. Die hohe Sichtbarkeit als Frau führt oft dazu, daß ihre fachlichen Fähigkeiten ausgeblendet werden. Sie muß sich also besonders darum bemühen, ihre Leistung zu zeigen. Sie muß aber auch stets aufpassen, daß sie nichts tut oder sagt, was

Angehörige der Mehrheit schlecht aussehen läßt. Dadurch gerät sie in eine paradoxe Situation: Auf der einen Seite muß sie besser sein als die anderen, damit ihre Kompetenz überhaupt gesehen wird – und auf der anderen Seite darf sie die Mehrheit nicht in den Schatten stellen.

Kanter beschreibt drei Strategien, mit denen Frauen dieser Situation zu begegnen versuchen:

- Wenn sie fachlich sehr gut und unternehmenspolitisch erfahren und geschickt sind, gelingt es ihnen, immer gute Leistungen zu bringen, ohne die Abneigung ihrer Kollegen hervorzurufen. Berufsanfängerinnen sind mit dieser Strategie überfordert.
- Manche nutzen ihre persönliche Bekanntheit zum eigenen Vorteil. Diese Frauen suchen das Rampenlicht. Sie betonen ihre Unterschiedlichkeit und ihre Besonderheit. Auch wenn sie die Unterstützung des Top-Managements bekommen, können sie auf Dauer nicht erfolgreich sein, denn ihnen fehlt der kollegiale Rückhalt.
- Vor allem ältere Frauen versuchen, sich sozial unsichtbar zu machen. Sie spielen ihre Weiblichkeit herunter und meiden soweit wie möglich öffentliche Auftritte. Sie übernehmen gern berufliche Rollen, bei denen sie im Hintergrund wirken können.

2. Ein zweites Problemfeld ist die Zugehörigkeit. Die Anwesenheit einer einzelnen Frau unterstreicht die Gemeinsamkeiten der Männergruppe und die Unterschiede zur Frau. Frauen in dieser Situation haben oft mit ihrer Isolation im informellen Bereich zu kämpfen. Obwohl sie in der Gruppe am Rande stehen, werden sie dennoch häufig Loyalitätstests unterzogen. Sie versuchen, ihre Loyalität zu beweisen, indem sie
- frauenfeindliche oder -verächtliche Bemerkungen durchgehen lassen;
- gestatten, daß über sie selbst und über andere Frauen Witze gemacht werden, so daß sie eine Quelle der Heiterkeit sind;
- sich dankbar zeigen, mitmachen zu dürfen. Dazu dürfen sie

sich nicht über ihre Situation beschweren oder gar noch irgendwelche Vorteile fordern.

Token-Frauen können ihre Isolation akzeptieren und sich darauf beschränken, dabei zuzuschauen, wie die Männer ihre Gruppenkultur ausleben. Das führt zu freundlichen, aber distanzierten Beziehungen und birgt das Risiko, von wichtigen informellen Treffen oder Entscheidungen ausgeschlossen zu werden.

Wenn sie dagegen versuchen, in die Gruppe hineinzukommen, müssen sie ihre Loyalität beweisen, indem sie sich als Ausnahme definieren und sich gegen ihre eigene Gruppe (die Frauen) stellen.

Manche entdecken für sich die Rolle des Nesthäkchens. Sie werden verwöhnt, sie gehören als Maskottchen dazu – aber sie werden nicht ernst genommen.

In Kanters Untersuchung gab es keine befriedigende Lösung für Frauen in dieser besonderen Rolle. Welchen Weg sie auch wählten, um sich zu arrangieren – ihre berufliche Situation blieb spannungsvoll und persönlich belastend, und ihre Spielräume waren gering.

2 Das Gespräch unter vier Augen

Für Ihr Vorhaben, einflußreicher zu werden, hat das persönliche Gespräch eine besondere Bedeutung. Immer wieder stehen Sie vor der Aufgabe, andere zu gewinnen, sie persönlich zu überzeugen – und das geschieht allemal besser im Gespräch unter vier Augen als per Telefon oder mittels E-mail.

Aber auch wenn es darum geht, eine Situation, die Ihnen schwierig erscheint, erfolgreich zu bestehen, wenn Sie z. B. kritisieren oder kritisiert werden, wenn Sie etwas fordern, wenn eine Beurteilung diskutiert oder ein Konflikt ausgetragen werden soll, finden diese Gespräche am besten im intimeren und geschützteren Raum der Begegnung unter vier Augen statt.[1] Zweiergespräche haben ihre eigenen Gesetze. Ihr Gelingen oder Mißlingen, ihr Verlauf und ihr Ausgang hängen von mehreren Faktoren ab. Nicht alle, aber viele Frauen haben mit dieser Situation ihre besonderen Probleme. Manche nutzen die Möglichkeit einer persönlichen Begegnung nicht so für ihre Pläne, wie es möglich wäre.

Über die Beziehungsabhängigkeit von Frauen

Gespräche, in denen die Harmonie zwischen den Beteiligten gestört werden könnte, sind für Frauen nicht einfach. Sie leiden unter Spannungen und Konflikten, sie streiten sich nicht gern, sie sagen nicht gern nein, sie fordern nicht gern; sie geraten stets aufs neue in Versuchung, für Ausgleich und Harmonie zu sorgen. Wenn der Ausgleich sich nicht zu ihren Bedingungen finden läßt – dann eben, in Gottes Namen, zu den Bedingungen des Gegenüber.

Es gibt verschiedene Erklärungsansätze dafür, warum das so sei. Hier sei die Überlegung von Gilligan (1988) erwähnt. Ihre Gedanken fußen auf der Tatsache, daß in den meisten Gesellschaften – ganz sicher in der unseren – Jungen und Mädchen von Frauen aufgezogen werden. Mädchen können daher ihre Identität im Rahmen einer bestehenden Beziehung entwickeln, sie werden zur Frau, ohne sich unterscheiden zu müssen. Die Mutter ist ja wie sie. Jungen dagegen müssen sich lossagen, sie müssen darauf bestehen, daß sie anders sind, wenn sie sich als Mann definieren. »Männlichkeit«, so Gilligan, »wird durch Ablösung definiert, Weiblichkeit dagegen durch Bindung. (Daher) wird männliche Geschlechtsidentität durch Intimität bedroht, weibliche hingegen durch Trennung. Männer haben deswegen Schwierigkeiten mit Beziehungen, während Frauen Probleme mit ihrer Individuation haben.« (S.17)

Diese Besonderheit hat im Gespräch ihren Lohn und ihren Preis.

Sie begrenzt zum Beispiel das Bedürfnis, sichtbar und einflußreich zu werden – denn das hieße, sich unterscheiden. Frauen, die ich berate, sagen dazu:

»Mein Ideal wäre – das intellektuell stimulierende, kreative Gespräch unter Gleichgestellten.«

»Diese Hahnenkämpfe finde ich gräßlich – ich möchte anerkannt sein für das, was ich kann und bin, so wie ich auch die anderen anerkenne.«

»Wir in der Führungsspitze sind gleich. Und wenn ich mich manchmal meinen Kollegen überlegen fühle, würde ich es sie nie merken lassen.«

»Im Leitungsteam sind alle gleichberechtigt, und das gefällt mir sehr gut. Nur wenn die anderen nicht in meinem Sinne entscheiden, ärgere ich mich – zuerst über sie, daß sie es nicht getan haben, und dann über mich, weil ich ihnen nicht gesagt habe, wie ich es haben will.«

Frauen ist gute Zusammenarbeit wichtig, daher achten sie darauf, daß das Arbeitsklima stimmt, und sie bemühen sich um das Wie der gemeinsamen Arbeit. Durch Mißstimmungen sind sie irritierbar. Sie reagieren verunsichert, wenn das Klima in Gefahr gerät.

Sie investieren Gefühle in das jeweilige Gegenüber, sie entwickeln innerlich eine Beziehung zu ihm. Sie instrumentalisieren ihre Gesprächspartner weniger, sondern verhalten sich ihm gegenüber, als handele es sich um eine langfristige Beziehung; das kommt z. B. den Kundenkontakten zugute. Gerade weil sie sich persönlich einlassen, sind sie leichter kränkbar und ungeschützter.

Sie beschäftigen sich innerlich mit ihrem Gegenüber und seiner Situation. Sie fühlen sich in seine Lage hinein und können so besser auf ihn eingehen. Auf der anderen Seite fällt es ihnen schwer, zu fordern und zu kritisieren, auch wenn das zu ihrer Rolle gehört.

Wenn Frauen sich im Gespräch zugewandter und oft auch ungeschützter verhalten, bekommt das ihrer Glaubwürdigkeit. Es gelingt ihnen, das Vertrauen des anderen zu gewinnen, und sie vertrauen ihrerseits.

Sie neigen allerdings dann dazu, die Belastbarkeit einer solchen Beziehung – z. B. durch unterschiedliche Interessen – zu überschätzen.

Einflußfaktoren

Auch das persönliche Gespräch ist nicht kontextfrei

Wenn Sie in Ihrer beruflichen Tätigkeit ein Gespräch führen, sind weder Sie selbst noch Ihr Gegenüber frei. Sie sind eingebunden in unsichtbare Abhängigkeiten, die das Gespräch mitbestimmen. Sie können nicht so, wie sie wollen. Verhaltensweisen und Handlungsspielräume sind begrenzt.

Genau wie Sie selbst ist auch Ihr Gesprächspartner Teil der hierarchischen Gliederung Ihrer Organisation. Auch Ihr Vorgesetzter ist gleichzeitig Untergebener. Er hat einen eigenen Chef, der ihm Vorschriften macht, Anweisungen gibt und Erwartungen an ihn richtet.

Möglicherweise ist er ganz gehörig eingeklemmt zwischen den Wünschen seiner Mitarbeiter und denen seines Vorgesetzten.

Daß er in einem Dilemma sitzt, liegt nicht an ihm, sondern an seiner Rolle als Angestellter auf einer mittleren Ebene – eine Sandwichposition. Überlegen Sie, welche Auswege aus seiner Klemme ihm überhaupt zur Verfügung stehen.

Ihr Gegenüber begegnet Ihnen außerdem in seiner beruflichen Rolle – als Fachmann, als Kollege, als Vorgesetzter. In dieser Rolle werden von anderen Erwartungen an ihn gerichtet, gegen die er nicht beliebig verstoßen kann. Der Fachmann berücksichtigt die Regeln seines Fachs, der Kollege hat außer ihnen auch noch andere Kollegen, der Vorgesetzte möchte sein Gesicht als Chef wahren. Zu jeder Rolle gehören Verhaltensvorschriften, und jeder möchte seine Rolle außerdem noch nach seinem Selbstverständnis gestalten. Das konkrete Verhalten im Gespräch wird daher von Faktoren mitgesteuert, dic nichts mit Ihnen persönlich zu tun haben, die Sie daher auch nicht persönlich nehmen sollten.

Vor wichtigen Gesprächen kann es nützlich sein, sich die Einbindung des Gesprächspartners in die Organisation, in hierarchische Beziehungen, Allianzen und Interessengruppen einmal aufzumalen und sich die Erwartungen an ihn kurz zu vergegenwärtigen.

Das schützt Sie davor, sich unnötig gekränkt zu fühlen. Sie können außerdem prüfen, ob Ihre Ziele realistisch sind und ob er für Ihre Ziele der richtige Gesprächspartner ist.

Einige Merkmale der Kommunikation

Es gibt einige Regeln menschlicher Verständigung, an die sich zu erinnern nützlich ist:[2]

Wir kommunizieren auf verschiedenen Kanälen, mit Worten, mit Bewegungen, mit unserem Gesichtsausdruck, mit unserer Stimme. Worte übermitteln die Gedanken – auf den anderen Kanälen wird der wichtige »Rest« gesendet. An unseren Worten können wir feilen, bis sie eindeutig sind. Unsere nicht-sprachlichen Mitteilungen bleiben immer vieldeutig. Sie lassen Raum für Interpretation, und der Empfänger der Nachricht kann sie mit eigenen Ängsten oder Hoffnungen anreichern. Kommunikationsforscher sprechen von digitalen – eindeutigen – und analogen Mitteilungen.

Die unterschwelligen Mitteilungen, die wir in Tonfall, Mimik und Gestik zum Ausdruck bringen, sind die wichtigeren, denn sie lassen den Empfänger etwas über unsere Absichten und Gefühle wissen und darüber, wie wir uns zu ihm in Beziehung setzen.

Ein oft zitiertes Beispiel dafür ist der Satz: »Liebling, es ist Grün!« den der Mann zu seiner Frau sagt, die am Steuer des Wagens vor der Ampel wartet.

Je nach Tonfall – und begleitender Mimik – kann die Frau diesen Satz als Sachinformation interpretieren, aber auch als Ermahnung, als Vorwurf, als Erinnerung an ihre mangelnden Fahrkünste, als Hinweis darauf, wieviel Geduld ihr Mann mit ihr hat usw.

Durch seinen Tonfall teilt er ihr auch mit, wie er sich in Beziehung zu ihr sieht: als gleichrangigen Partner, als unterstützenden oder als geduldigen, aber in seiner Geduld aufs äußerste in Anspruch genommenen Beifahrer; als genervten Lehrer; als herablassenden Experten.

In jedem Gespräch, sei es beruflich oder privat, machen Sie

Aussagen über Ihre Beziehung zum Gesprächspartner, und dieser macht dasselbe mit Ihnen.

In der Begleitmusik zu Ihrer sachlichen Mitteilung teilen Sie dem anderen Ihre Gefühle mit – und der andere tut das auch.

Wenn diese Musik in einer anderen Tonart gespielt wird als der Text, dann können Sie davon ausgehen, daß Ihr Gesprächspartner diesen Widerspruch bemerkt und daß er eher der Mitteilung der Begleitmusik traut. Ihnen selbst geht es auch nicht anders.

Die Frau am Steuer wird vielleicht auf den gereizten Unterton leicht gekränkt reagieren und sagen: »Mecker doch nicht immer!« Und ihr Mann mag darauf erwidern: »Sei du doch nicht immer so empfindlich!«

Es bedarf keiner großen Phantasie, sich vorzustellen, wie die Unterhaltung weitergehen könnte.

Nun wollen die zwei sich vielleicht streiten. Aber in vielen beruflichen Gesprächen möchten Sie Gelassenheit und Überblick bewahren. Dazu paßt es nicht, wenn Sie und Ihr Gesprächspartner sich durch ihre analogen Mitteilungen aufheizen, kränken oder zu Verteidigungsreden nötigen. Die Voraussetzungen für ein Gelingen des Gesprächs verschlechtern sich fortlaufend.

Zum Glück können Sie etwas dagegen tun. Sie können das Überhören und das Neutralisieren üben.

Überhören üben heißt: Sie hören zwar den kritischen oder den aggressiven Unterton – aber Sie überhören ihn zugleich. Sie lassen sich emotional gar nicht darauf ein. Sie tun so, als hätten Sie eine sachliche Mitteilung erhalten – sonst nichts.

Neutralisieren üben bezieht sich auf Ihre eigenen Aussagen: Sie filtern Ihre emotionale Stellungnahme aus Ihrem Text heraus. Zumindest schwächen Sie sie ab, zum Beispiel von wütender Empörung zu hauchzarter Ironie.

Glauben Sie mir, es geht – unter zwei Voraussetzungen: Bewußtmachen und Üben. Ohne daß Sie die emotionale Ladung von Aussagen – fremden und eigenen – bemerken, geht es nicht. Und ohne daß Sie neutralisierte Antworten häufig ausprobieren, geht es auch nicht.

Die intime Situation hat ihre Tücken

Das Gespräch unter vier Augen ist natürlich nicht wirklich intim – aber die Beteiligten sind sich ungleich näher als bei der Zusammenkunft eines Gremiums oder bei einem Auftritt. Sie sitzen auf recht engem Raum beisammen und sind aufeinander verwiesen. Sie hören jedes Wort und jeden Zwischenton. Sie sehen den wortlosen Kommentar im Mienenspiel des Gegenübers. Sie mustern und werden gemustert. Der andere ist physisch nähergerückt.

Für Frauen, die sich ohnehin schwertun, innerlich Distanz zu wahren, ist das Risiko groß, sich verwickeln zu lassen. Sie verlieren ihr Vorhaben aus dem Auge und folgen dem Gesprächspartner auf die »Nebenkriegsschauplätze«, die er anbietet. Es kann auch sein, daß sie sich so sehr auf die Probleme des anderen einlassen, daß ihre eigenen Wünsche ihnen vorübergehend entfallen. Dann ist plötzlich das Gespräch beendet und sie haben nichts erreicht, ja, sie sind vielleicht nicht einmal dazu gekommen, ihre Sache vorzutragen.

Frauen, die sensibel auf Unter- und Zwischentöne hören, sind solchen »Mitteilungen« – beispielsweise einem aggressiven oder spöttischen Unterton, einer kleinen Anspielung oder einer Abwertung zwischen den Zeilen – im Gespräch unter vier Augen ganz anders ausgeliefert als in einer Gruppe. Sie beginnen, sich innerlich mit ihren Wahrnehmungen zu beschäftigen, sie fangen an, sich zu ärgern, sie sind gekränkt oder auch geschmeichelt – sie reagieren mit eigenen Affekten auf die emotionalen Botschaften des anderen. Und schon sind sie verwickelt, verstrickt in Gefühle, auf die sie vielleicht impulsiv reagieren – mit Heftigkeit, mit Ärger, mit Sich-Verschließen, mit Nachgeben. Da wird es schwer, den Überblick zu behalten, den eigenen Plan zu erinnern und einzuhalten. (Manche Männer hören solche Untertöne auch, sind aber dadurch weniger irritierbar, weil auf eine ungetrübte Beziehung in geringerem Maße angewiesen.)

Das persönliche Gespräch ist noch über eine andere Ebene anfällig für Störungen. Die Beteiligten wirken aufeinander. Stimme, Tonfall, Körpersprache, persönliche Ausstrahlung, Aussehen und Aufmachung – und nicht zuletzt die Inhalte bewirken beim anderen, sei es Mann oder Frau, undeutliche Gefühle.

Personen aktivieren mit ihrem Auftreten und ihrem Verhalten beim Gegenüber alte Muster – Ängste, Befürchtungen, Gefühle der Sympathie oder der Abneigung. Sie machen diese wieder lebendig, oft ohne daß die Beteiligten es bemerkten. Dann gilt ein Teil unserer Reaktion dem realen Gesprächspartner, ein Teil aber ist alten Erlebnissen und vergangenen Beziehungen geschuldet.

Wir alle haben seit unserer Geburt mit Männern und mit Frauen Erfahrungen gemacht. Diese Erlebnisse prägen unsere inneren Bilder, unser Frauenbild und unser Männerbild. Sie haben Gefühle hinterlassen, die plötzlich, u.U. Jahrzehnte später, durch das Verhalten einer ganz anderen Frau oder eines ganz anderen Mannes in einer ganz anderen Situation neu belebt werden. Und sie haben Verhaltensmuster geprägt, mit denen Sie selbst, und genauso Ihr Gesprächspartner, auf bestimmte Reize reagieren.

Im Gespräch unter vier Augen bekommen Sie es vor allem mit den Vätern und den Müttern zu tun: Männer beanspruchen gegenüber Frauen gern, Autorität zu sein – und die erste männliche Autorität der meisten Frauen ist ihr Vater. Es liegt also innerlich eine alte Tochter-Rolle bereit, in die Sie möglicherweise schlüpfen, ohne es zu bemerken. Vater-Tochter-Beziehungen sind natürlich unterschiedlich: Da gibt es die sanfte und die kluge Tochter, die rebellische Tochter, die ängstliche Tochter, die wütende Tochter. Welches auch immer Ihre Variante ist, sie macht Sie abhängig. Das Verhaltensmuster, das hier aktiviert wird, stammt aus weit zurückliegenden Erlebnissen und ist wahrscheinlich der jetzigen Situation nicht angemessen.

Hinzu kommt: Auch Ihr Gegenüber hat seine Geschichte. Vielleicht reagiert er allergisch, wenn Frauen sich beschweren, weil ihn alte Schuldgefühle überfallen. Die Heftigkeit der Reaktion mag Sie dann erschrecken, weil sie in keinem Verhältnis zur Beschwerde steht.

Möglicherweise überkommen Ihr Gegenüber auch alte Ohnmachtsgefühle, wenn Sie Ihren Standpunkt energisch vortragen. Gegen diese muß er sich ganz besonders gut schützen und wird daher seine Ablehnung ungewöhnlich scharf formulieren.

Was können Sie tun? Einen sicheren, einfachen und raschen Ausweg gibt es nicht – den hätten Sie ja schon selbst gewählt.

Ein wenig können Sie die Wirkung der alten Erfahrungen abschwächen, indem Sie sie studieren. Schauen Sie sich selbst bei Gesprächen über die Schulter, und achten Sie darauf, was in Ihnen geschieht.

An welcher Stelle des Gesprächs reagieren Sie z. B. reflexhaft defensiv? Was muß das Gegenüber tun, damit Sie verwirrt werden und Ihr Vorhaben Ihnen entgleitet?

Wann fangen Sie an, sich so aufzuregen, daß Sie nur noch mit Ihrer Wut beschäftigt sind? Was ist der sicherste Weg, Sie stumm zu machen?

Einige Sackgassen kennt man ja, nachdem man sie schon viele Male gegangen ist. Das Ziel des Studiums ist, rascher zu merken, was mit Ihnen geschieht. Wenn rechtzeitig eine rote Warnlampe anfängt zu blinken, bevor Sie in ein untaugliches Verhaltensmuster rutschen, dann erhöht sich die Chance, innezuhalten und an dieser Stelle etwas anderes auszuprobieren.

Dieses Andere, das Sie probieren möchten, muß schon bereitliegen. Realisieren Sie die kleine Veränderung, die Sie sich vorgenommen haben. Sie kann z. B. darin bestehen, eine rasche und heftige Antwort zu lassen und statt dessen eine Pause zu machen. Oder sie kann darin bestehen, ein weiteres Mal nein zu sagen, obwohl Sie eigentlich schon weichgeklopft sind.

Nehmen Sie sich lieber nicht zu viel vor, dann mißlingt alles, und Sie verlieren den Mut. Die Verhaltensneigungen und Reaktionen, mit denen Sie hadern, waren einmal wichtig und sinnvoll für Sie. Nun müssen Sie sich selbst davon überzeugen, daß sie nicht mehr sinnvoll sind. Und Sie müssen sich selbst dafür gewinnen, mit Alternativen zu experimentieren. Menschen sind zwar einerseits grenzenlos anpassungsfähig, aber andererseits ziemlich resistent, wenn es ums Verlernen überflüssig gewordener Verhaltensmuster geht.

Wenn Ihr Gegenüber für Sie unverständlich reagiert – fragen Sie nach, wenn möglich sachlich und ohne Vorwurf. Erkundigen Sie sich danach, wie Ihr Verhalten oder Ihre Aussagen zu dieser Reaktion beigetragen haben. Damit ist der andere aufgefordert, nachzudenken. Und Denken heißt auch immer: ein wenig Distanz zu den spontanen Reaktionen einnehmen. Wahrscheinlich wird er Ihnen nichts über seine Verhaltensmuster erzählen – aber etwas mehr Sachlichkeit wäre auch schon ein gutes Ergebnis.

Was ist ein erfolgreiches Gespräch?

Manche Begegnungen werden bereits dadurch erfolgreich, daß wir sie entgegen unserer Befürchtung lebend überstehen. Zum Glück sind diese nicht so häufig. Es gibt dagegen viele andere, bei denen die Antwort gar nicht so einfach ist.

Nehmen wir ein Beispiel. Sie möchten von Ihrem Vorgesetzen eine Dienstreise genehmigt bekommen. Er dagegen findet, er kann Sie nicht entbehren. Das Gespräch verläuft in zunehmend angespannter Atmosphäre. Schließlich gibt er nach, Sie bekommen Ihre Dienstreise. Sie haben Ihr Ziel erreicht, aber Sie sind nicht glücklich. Und Ihr Chef ist sauer.

In der Regel verfolgen wir Ziele auf unterschiedlichen Ebenen, ohne uns dessen immer bewußt zu sein. Auf der Sachebene liegen die Sachziele: eine Forderung durchsetzen, einen Standpunkt vertreten, bis er akzeptiert wird, sich in der Sache einigen, eine Entscheidung rückgängig machen.

Wir können auch Beziehungsziele verfolgen: das Vertrauen des anderen gewinnen; ihn einschüchtern; ihn überzeugen, für einen Plan gewinnen, für eine konzertierte Aktion einspannen, für eine Kritik öffnen. Vielleicht wollen Sie ihn durch Ihren Mut beeindrucken, mit ihm flirten oder ihn demütigen.

Wir können gleichzeitig erfolglos und erfolgreich sein. Manchmal lohnt es sich, in der Sache nachzugeben und dafür einen Bundesgenossen zu gewinnen oder einen Rastplatz zu entdecken.

Auch den Zeithorizont gilt es zu bedenken, vor dem Sie ein Gespräch führen. Kurzfristige Siege könnten Pyrrhussiege sein.[3] Langfristig geben immer Beziehungsfragen den Ausschlag.

Am schwierigsten sind unsere unbewußten Inszenierungen. Ohne es zu wissen und zu wollen, richten wir uns die Gesprächssituation so ein, wie es uns ein altes Muster vorgibt. Häufig dienen diese Inszenierungen dazu, etwas zu vermeiden, das früher einmal dringend vermieden werden mußte. Da kann es uns durchaus passieren, daß ein Gespräch im Sinne unserer unbewußten Inszenierungen durchaus erfolgreich verläuft, aber gemessen an unserer realen Situation leider nicht.

Einige Dauerbrenner werden besichtigt

Mit manchen Verhaltenskompetenzen, die für erfolgreiche Gespräche sehr vielversprechend sind, haben Frauen traditionell Probleme – nicht alle Frauen und nicht immer, aber doch viel zu häufig. Werfen wir also einen Blick auf diese Dauerbrenner und schauen wir, ob sich neue Handlungsoptionen auftun und welche Bedingungen dazu beitragen (können).

Forderungen stellen

Am schönsten wäre es, wenn wir nichts fordern müßten. Ohne daß wir etwas sagen, weiß unser Gegenüber, was wir gern hätten. Er liest unsere Gedanken und errät unsere Bedürfnisse. Nicht nur das – er beeilt sich auch noch, sie zu erfüllen.

Die Vorstellung, Forderungen zu stellen, ist vielen Frauen unangenehm. Sie fühlen sich unsicher und fürchten, zuviel oder viel zu wenig zu wollen; zu heftig oder nicht heftig genug zu fordern. Sie stellen sich vor, ihre Wünsche würden abgelehnt und nicht nur das – ihr Gesprächspartner würde ihnen auch noch bedeuten, daß er ihr Ansinnen für unberechtigt hielte: »Wie kommen Sie bloß darauf, Frau X, daß Sie für so etwas infrage kämen!«

Friß, Vogel – oder ich sterbe! Frau Meinkes Geschichte und ein Kommentar

Der Betrieb, in dem Frau Meinke arbeitet, wird umstrukturiert. Im Zuge dieser Veränderung wird sie in Kürze ihre erste Führungsposition bekommen. Sie soll die Leitung eines neu geschaffenen Bereichs übernehmen. Frau Meinke hat sich überlegt, wie sie ihre Aufgabe angehen will, und möchte darüber mit ihrem Chef sprechen. Um ihre neue Position gegenüber den Mitarbeitern gleich klarzumachen, will sie »die Hand auf ihre Ressourcen legen«, wie sie es nennt. Sie möchte die Finanzen kontrollieren, und die Sekretärinnen ihrer Mitarbeiter sollen ihr direkt unterstellt werden. Sie hat für ihren Vorgesetzten eine schriftliche Vorlage ausgearbeitet, in der sie ihr Vorhaben schildert.

Ihr Chef soll zustimmen, aber das tut er nicht. Er möchte nicht, daß die verschiedenen Kostenstellen zusammengelegt werden. Er sagt: »Sie wollen wohl alles an sich ziehen!« Darauf reagiert sie empört. Unterstellt er ihr etwa Herrschsucht?

Wenn aus den bisherigen Einzelkämpfern ein richtiges Team werden solle, erklärt sie mit strenger Miene und festem Ton, dann müßten alle gemeinsam für die Erwirtschaftung des Geldes zuständig sein – daher nur eine Kostenstelle.

»Sie wissen mal wieder alles besser«, meint der Chef dazu.

Sie verliert ihre Gelassenheit. Sie hat das Gefühl, keine Orientierung mehr zu besitzen, sondern in Strudeln zwischen lauter Klippen zu schwimmen. Wie kann sie wieder festen Boden unter die Füße bekommen?

Sie sieht nur eine Möglichkeit: alle Pläne fallenlassen. Eigentlich hatte sie vor, die drei Bereiche, die nun in ihrer Zuständigkeit liegen, zu einem Dienstleistungszentrum nach außen und nach innen ausbauen. Die Teamidee sollte nur ein Baustein auf dem Wege sein. Aber darüber wurde schon nicht mehr gesprochen.

Frau Meinke ist in das Gespräch mit einer »Alles-oder-Nichts-Haltung« hineingegangen: Entweder, der Chef stimmt all ihren Ideen vorbehaltlos zu, oder alles ist verloren. Sie trägt ziemlich energisch vor, was sie sich überlegt hat, denn sie erwartet Widerstand. Auf Teilerfolge ist sie nicht eingestellt, daher wird sie auch keine Teilerfolge haben. Wenn er nicht alles akzeptiert, dann hat er alles abgelehnt. Dabei entgeht ihr, daß er ihrem Wunsch, alle Mitarbeiter und Mitarbeiterinnen direkt unterstellt zu bekommen, ja zugestimmt hat. Und es entgeht ihr auch, daß sie über das Thema »Kostenstellen« gar nicht diskutiert haben. Sie wollte die Zusammenlegung, er hat nein gesagt – und das war es.

Sie läßt alle ihre Ideen fallen – »Dann eben nicht!« Es bleibt ihr nur, eine Art Koordinationsfunktion zu übernehmen, die ihren Chef entlastet. Genau so hatte er sich das gedacht, und natürlich ist er einverstanden. Nun sitzt sie da, frustriert und sauer.

Dosierungsprobleme: Frau Meinke erwartet schon vor dem Gespräch die Niederlage. Sie glaubt, daß ihr Vorgesetzter an ihren Ideen nicht interessiert ist. Sie ist davon überzeugt, daß er sich nicht beeinflussen läßt und daß sie ihn nicht gewinnen kann. Mit diesem Gefühl der Ohnmacht nimmt sie einen gewaltigen Anlauf und überrennt ihren Gesprächspartner mit wuchtigen und scharfen Worten. Der wird nicht gern niedergerannt – also wehrt er sich.

Alles oder Nichts: Mit dieser – ihr nicht bewußten – Strategie ist Frau Meinke in das Gespräch hineingegangen.

Sie hatte sich etwas vorgenommen und war nicht darauf eingestellt, auch Teilziele zu verfolgen und Rückfallziele zu formulieren: Wenn nicht das Optimum, dann wenigstens dieses oder jenes. Als daher der Chef nicht alles akzeptiert, hat sie überhaupt kein Gesprächsziel mehr und verliert die Orientierung. Sie hat nichts mehr, wofür sie sich einsetzen könnte. Sie sieht nicht, was sie erreicht hat, sondern verbucht das Ganze als Mißerfolg.

Zu meinen Bedingungen! Frau Meinke hatte, ohne sich das klarzumachen, einige Bedingungen im Kopf, denen der Vorgesetzte zustimmen sollte. Er aber gestaltet das Gespräch anders. Statt das Treffen mit der Frage »Was kann ich für Sie tun« einzuleiten, wie sie es erwartet hat, beginnt er gleich damit, ihr Vorhaltungen zu machen.

Sie erwartet auch, daß er ohne Diskussion oder Bedenkzeit ja sagt.

Sie möchte klar und deutlich von ihm hören: Sie haben mich überzeugt. Sie hat nicht bedacht, daß er ganz andere Vorstellungen hatte und vielleicht etwas Zeit braucht, um sich davon zu verabschieden.

Da er ihre »Bedingungen« nicht erfüllt, sieht sie das ganze Gespräch nicht etwa als partiellen Erfolg und als eine begonnene Diskussion an, die fortgeführt werden müßte, sondern sie fühlt sich ganz ohnmächtig, so, als hätte sie nichts von dem, was sie gern durchsetzen möchte, erreicht.

Am Ende ist sie ärgerlich über ihren Chef, weil er nicht zu ihren Bedingungen sofort auf alles eingegangen ist. Und sie ist ärgerlich über sich selbst, weil sie sich durch die Kritik des Vorgesetzten getroffen fühlt. Will sie vielleicht wirklich alles an sich reißen?

Wo bleibt das weibliche Einfühlungsvermögen? Aus der Distanz, in einem nachdenklichen Gespräch über ihr Erlebnis, erkennt sie, daß ihr Chef von ihren Vorstellungen sehr überrascht und auch ein bißchen erschrocken war. Denn eigentlich hatte er die neue Organisation vorgeschlagen, um sich selbst zu entlasten und weil er Frau Meinke für eine tüchtige Frau hält. Nicht im Traum hatte er erwartet, daß sie daraus ein Dienstleistungszentrum nach innen und außen machen will. Er fühlte sich im Augenblick überfordert und setzte sich zur Wehr. So erklärt sie sich im Rückblick sein Verhalten.

Vor dem Gespräch hat sie nicht darüber nachgedacht, wie sie ihrem Vorgesetzten ihre Ideen schmackhaft machen könnte. Es ging ihr nicht darum, ihn zu gewinnen oder ihn zu überzeugen, weil sie das für ausgeschlossen hält. Sie möchte sich nicht überlegen müssen, wie sie ihr Vorhaben für ihn interessant machen könnte. »Das auch noch!« regt sie sich auf. Sie denkt: Sie hat das Ihre getan, sie hat sich Gedanken gemacht und einen Plan entwickelt. Das reicht. Es fällt nicht in ihre Zuständigkeit, auch noch Verkaufsüberlegungen anzustellen. Entweder, der Vorgesetzte geht auf ihre Gedanken ein, ungeschminkt und unverpackt, wie sie sind, – oder er hat eben Pech gehabt, und sie läßt es sein. Daß letztlich sie selbst Pech hat und den kürzeren zieht, kommt ihr nicht in den Sinn.

Die Kränkung als Ablenkungsmanöver. Frau Meinke ist sehr hellhörig bei Bemerkungen, die sie auf sich persönlich bezieht. Eine Aussage, die in ihren Ohren abfällig klingt, erscheint ihr im Augenblick viel wichtiger als das Thema, das sie voranbringen wollte. Sie läßt das Thema fallen und bleibt an der von ihr als Kränkung erlebten Äußerung hängen. Sie beginnt, sich innerlich mit dem Gesagten zu beschäftigen, sie fragt sich, hat er recht, hat er unrecht? Der Chef profitiert davon, daß sie seine Bemerkungen persönlich nimmt. Denn nun konzentriert sie sich nicht mehr auf ihre Pläne und deren Darstellung, sondern ist mit ihren Gefühlen beschäftigt. Der Gesprächspartner hat sie also erfolgreich auf einen Nebenkriegsschauplatz gelockt. Möglicherweise verwickelt sie sich mit ihm in eine Auseinandersetzung über ihre Herrschsucht oder ihre Rechthaberei – dann muß der Vorgesetzte sich vorerst nicht mit ihren Plänen befassen.

Lohn und Preis. Frau Meinke kämpft mit ihrem Chef einen Kampf, in dem es nur Sieg oder Niederlage gibt. Sie will, daß er ihre Pläne ohne Abstriche akzeptiert, und sie will, daß er das Gespräch darüber so führt, wie sie es für richtig hält. Sie will sich nicht mit seiner Interessenlage befassen, sie will sich nicht überlegen müssen, wie sie ihm ihr Vorhaben schmackhaft machen könnte.

Da steht sie nun wie Luther vor der Kirchentür und behauptet, sie könne nicht anders. »Wozu soll ich mich verstellen, ihm alles schön verpacken und alles so einschmieren, daß er es frißt?«

Ja – wozu auch? Sie kann es genauso machen, wie sie es macht; es ist eine Frage von Lohn und Preis. Was ist ihr wichtig, und welchen Preis ist sie bereit zu zahlen?

Ein vorläufiges Fazit. Frau Meinke ist ein besonderer Fall – so wie jede Frau. Dennoch sind manche Verhaltensmuster häufig anzutreffen.

1. Eine Alles-oder-Nichts-Haltung, die dazu führt, daß wir das Gefühl haben, alles verloren zu haben, wenn wir nicht alles gewinnen.
2. Die Neigung, sich durch persönliche Bemerkungen vom Thema weglocken zu lassen.
3. Die Überzeugung, die Arbeit sei getan, wenn die Ideen zu Papier gebracht sind. Der Verkauf gehört nicht mehr dazu.
4. Dosierungsprobleme
   A. Wir bezweifeln unsere Chancen, überhaupt etwas zu erreichen, und bekämpfen den Zweifel durch unangemessene Heftigkeit.
   B. Unerfahren mit der Aufgabe, etwas zu fordern, dosieren wir zu stark oder zu schwach.
5. Ohne es zu merken, setzen wir einseitig Bedingungen, nach denen das Gespräch zu verlaufen hat.
6. Wenn wir keinen Erfolg haben, fühlen wir uns bestätigt.

Grenzen setzen und halten

Frauen fällt es schwerer als Männern, nein zu sagen. Das ist bekannt. Und es ist nachteilig aus mehr als einem Grunde.

Viele Frauen teilen klar und deutlich mit, wenn sie etwas nicht möchten. Schwerer wird es, wenn das nicht reicht, wenn das Gegenüber zäh bleibt und immer neue Köder auslegt, um ein Nein zu erschüttern. Gespräche über Grenzen sind ein gutes Feld für Selbsterfahrung. Studieren Sie, womit Sie herumzukriegen sind. Nach welchem Köder schnappen Sie?

Ist es: »Du traust dir das wohl nicht zu?« oder: »Das hätte ich wirklich nicht von dir erwartet!« oder: »Ohne deine Hilfe schaffe ich es einfach nicht!«? Ist es: »Komm, sag ja! Du siehst noch hübscher aus als sonst, wenn du ja sagst!«? oder: »Du hast es doch sonst immer gemacht!« oder: »Ich dachte, wir sind ein Team?« Ist es: »Jetzt, nachdem du die Treppe ’raufgefallen bist, hast du’s wohl nicht mehr nötig, was?« oder: »Alle andern sind auch dafür«?

Sie sehen, es gibt viele Möglichkeiten, und Ihre Gesprächspartner haben schnell herausgefunden, was bei Ihnen wirkt. Darauf können Sie sich verlassen. Aber wissen Sie es selbst?

Was passiert in dem Moment, in dem Sie nachgiebig werden? Sie entscheiden sich um. Ihre Prioritäten verändern sich. Es wird Ihnen so wichtig, wie ein anderer zu Ihnen steht, wie er Sie sieht oder nicht sehen soll, daß Sie Ihre ursprüngliche Absicht fallenlassen.

Bei dem Versuch, Grenzen zu setzen und zu halten, hilft es, sich selbst zu kennen. Die meisten Versuche der Grenzüberschreitung, die ein Nein nicht respektieren möchte, sind keine angekündigten Gespräche, auf die Sie sich vorbereiten können. Sie finden im Vorübergehen statt: auf dem Flur, in der Kaffeeküche, am Rande oder am Ende einer Sitzung, als Nachtrag zu einem Telefongespräch über etwas ganz anderes. Sie können sich also nicht innerlich wappnen.

Das erste Nein gelingt meist noch. Wenn Sie nun wissen, wofür Sie anfällig ist, können Sie die Zeit zwischen Ihrer Antwort und dem nächsten Anlauf Ihres Gesprächspartners nutzen, um auf Ihre Reaktion aufzupassen. Aufschub, um sich zu rüsten, können Sie auch bekommen, wenn Sie um eine Wiederholung bitten: »Entschuldige, ich war mit meinen Gedanken ganz woanders – kannst du noch mal sagen, worum es geht?« Schon gefährlicher ist die Bemerkung: »Ich denke darüber nach.«

Manchmal allerdings ist ein Grundsatzgespräch angezeigt, z. B. wenn Ihr Vorgesetzter häufiger Dinge von Ihnen verlangt, die nicht zu Ihren Aufgaben gehören, die Ihre Zeit fressen und die womöglich Ihren Status unterminieren. Falls es Ihnen nicht gelingt, solchen Wünschen auszuweichen, müssen Sie das Gespräch darüber etwas höher aufhängen – nicht mehr beiläufig, sondern verabredet und gut vorbereitet.

In den Selbstbehauptungstrainings früherer Jahre wurde gern die Übung »Schallplatte mit Sprung« eingesetzt. Im Kern ging es darum, die eigenen Grenzen durch die sture Wiederholung des immer gleichen Satzes zu schützen: »Es tut mir leid, ich habe heute auch keine Zeit.« Dieses Verhalten zu praktizieren ist immer noch sehr nützlich, um beim Nein zu bleiben. Wenn Sie den Satz bei jeder Wiederholung ein bißchen paraphrasieren, klingt er nicht so unelegant. »Das ist ja wirklich ärgerlich – aber es geht leider nicht.« »Ich wünschte, ich könnte Ihnen den Gefallen tun ...« »Da sind Sie ja wirklich in einer schwierigen Lage, aber leider ...« »Ja, wir haben alle immer zu viel um die Ohren!«

Die wichtigste Funktion dieser simplen Übung besteht darin, daß Sie sich auf diese Weise gegen Lockrufe und Köder immunisieren. »Sag, was du willst«, lautet Ihr innerer Text, »aber ich will es so nicht, sondern anders.«

Warum nicht mal entgegenkommen?

Weil Sie Zeit für Ihre eigene Arbeit verlieren; weil andere Sie ausnutzen; weil das Entgegenkommen nicht honoriert wird, sondern nur eine gute Grundlage für die nächste Anfrage abgibt. Schließlich entsteht daraus eine Gewohnheit, dann ein Gewohnheitsrecht und am Ende eine eingespielte Arbeitsteilung.

In diesen Scharmützeln geht es um mehr als um einen kleinen Gefallen. Die Frage ist, wie Sie Ihre Prioritäten setzen und verfolgen: Wollen Sie Ihre Vorhaben vorantreiben oder nicht? Wie wichtig ist Ihnen im Vergleich dazu die Zuneigung Ihrer Kollegen? Wollen Sie einflußreich werden oder sich einspannen lassen?

Bei den sogenannten kleinen Gefallen geht es meist darum, Arbeiten, die nichts einbringen, aber getan werden müssen, an Frauen weiterzuschieben und statt dessen Dinge zu tun, die Sichtbarkeit verschaffen und die sich positiv auf dem Konto der Einflußpunkte niederschlagen.

Zum Glück können Sie Partner »erziehen«. Wenn Sie sich klar darüber sind, worauf Sie sich auf keinen Fall einlassen werden, wenn Sie dann noch diese Haltung gegen einige Versuche, die Grenzen zu überschreiten, erfolgreich verteidigt haben, dann spricht sich das herum. Ihre Kollegen lernen, was man bei Ihnen gar nicht erst zu versuchen braucht. Sie werden dafür wahrscheinlich nicht geliebt, aber anerkannt. Wenn Sie schwankend werden – denken Sie daran, daß Sie für ein Entgegenkommen auch nicht geliebt werden!

Falls Sie nicht so hart und ungefällig sein möchten, gibt es auch für Sie einen Ausweg. Prüfen Sie selbst, ob dieses Verhalten Ihnen leichter fällt. Die Forschung über die Beeinflussung anderer Menschen lehrt uns, daß sich kaum jemand dem Gesetz der Erwiderung entzieht: Wer unter dem Eindruck lebt, einem anderen Menschen etwas zu schulden, lehnt dessen Bitte ungern ab.[4] Diese Eigenart menschlichen Verhaltens können Sie sich zunutze machen. Tun Sie dem Kollegen einen Gefallen – aber nicht beiläufig! Halten Sie fest, daß Sie ihm gerade entgegenkommen. Sie werden dafür schon eine passende Formulierung finden. Das ist der erste Schritt.

Auf diesen muß irgendwann in nicht zu ferner Zukunft der zweite folgen: die Schuld einfordern. Überlegen Sie sich, was Ihr Schuldner für Sie tun könnte, und bitten Sie ihn darum. In der Regel wissen Schuldner ganz gut, was sich gehört. Sollte Ihrer vergeßlich sein, müssen Sie ihn wohl oder übel erinnern.

Sie sind einflußreicher, als Sie denken!

Viele möglicherweise erfolgreichen Gespräche scheitern daran, daß sie nicht geführt werden. Sie werden zwar im Inneren einer Person Dutzende von Malen durchgespielt, aber niemals in der Wirklichkeit.

Mit vielen Mißständen und Ungerechtigkeiten richten Frauen sich ein, weil sie sich machtlos fühlen oder Angst haben. Möglicherweise haben sie schlechte Erfahrungen gemacht. Das führt dazu, daß sie schon vor Beginn der Reise die Segel streichen. Damit vermeiden sie die Situation, die ihnen, wie sie denken, nur einen Mißerfolg bescheren wird.[5]

Prophylaktisch schon mal in die Knie gehen führt jedoch nicht zu Sichtbarkeit und Einfluß, sondern zu Unsichtbarkeit und Muskelkater.

Wissen Sie, was Sie wollen und wohin Sie wollen? Dann

können Sie die Gespräche planen, die Ihnen den Weg dorthin ebnen. Denn solche Gespräche gehören zur Methodik Ihres Einflußprojektes.

Überlegen Sie: Welches sind Schlüsselpersonen für Ihr Vorhaben. Gibt es eine Möglichkeit, mit ihnen zu sprechen? Mit jedem einzelnen? Wen können Sie einbinden? Gerade Hierarchen sollten unbedingt vorher unterrichtet sein, bevor Sie Ihre Ideen einer größeren Gruppe unterbreiten. Das geschieht am besten im persönlichen Gespräch. Dort haben Sie die Möglichkeit, sich persönlich zu präsentieren. Außerdem ersparen Sie den mächtigen Männern Verunsicherung und Irritation. Irritierte Menschen sind selten aufgeschlossen.[6]

Verschenken Sie nicht, was Sie gewonnen haben. Wenn Sie in einem schwierigen Gespräch einen guten Eindruck hinterlassen haben – tun Sie etwas mit diesem Gewinn. Gliedern Sie den Betreffenden in Ihr Netzwerk ein. Überlegen Sie, wozu und bei welcher Gelegenheit Sie sich an ihn wenden könnten. Denken Sie darüber nach, was Sie für ihn tun könnten. Wenn Sie entdecken, daß Sie ähnliche Einschätzungen haben – kommen Sie darauf zurück.

Nutzen Sie das kleine Gespräch am Rande! Erzählen Sie Ihrem Vorgesetzten von Ihren Plänen, fragen Sie ihn nach seiner Einschätzung!

Paßt das, was Sie vorhaben, in die politische Landschaft? Wie kann er Sie unterstützen, wenn er nicht weiß, was Sie wollen? Und wie können andere Sie würdigen, wenn Sie sich nicht mit Ihren Lorbeeren schmücken? Wenn Sie sich nicht sicher sind, wie andere Ihre Arbeit bewerten, führen Sie keinen inneren Dialog, sondern bitten Sie die Personen, von denen Sie dazu etwas wissen möchten, um Auskunft.

Möglicherweise stehen nicht nur Sie selber sicherer auf den Füßen, als Sie dachten. Ihre männlichen Gegenüber sind Ihnen vielleicht gewogener und zeigen sich deutlich beeinflußbarer, als Sie erwartet haben.

Ohne Vorbereitung geht es nicht

Es ist vernünftig, sich auf Gespräche vorzubereiten. Falls sich die Zahl der Fußangeln dadurch nicht verringern läßt, so läßt sich bestimmt die Zahl der Orientierungsmarken erhöhen. Mit ihrer Hilfe finden Sie nach Turbulenzen leichter wieder zu Ihrem Vorhaben zurück.

1. Was wollen Sie erreichen und was unbedingt vermeiden?
   - Gibt es Teilziele oder Rückfallziele, an denen Sie festhalten können, wenn Sie nicht alles erreichen?
   - Haben Ihre Ziele einen Zeithorizont? Welche sind lang- und welche kurzfristig?
   - Wie soll die Beziehung zwischen Ihnen und Ihrem Gesprächspartner am Ende des Gesprächs aussehen?
2. Wie paßt Ihr Vorhaben in die politische Landschaft Ihrer Organisation?
3. In welcher Situation befindet sich Ihr Gesprächspartner, was sind seine Spielräume? Unter welchem Druck steht er? Liegt das, was Sie wollen, im Rahmen seiner Möglichkeiten?
4. Warum sollte er Ihnen entgegenkommen? Wie könnte er profitieren?
5. Welche Gesprächsphasen möchten Sie unterscheiden? Was gehört an den Anfang, in die Mitte, an den Schluß?
6. Welches sind Ihre Achillesfersen? Wo sind Sie zu widerlegen, womit zu irritieren oder in Verlegenheit zu bringen?
7. Als was für eine Frau wollen Sie sich in diesem Gespräch zeigen, und was bedeutet das konkret?
8. Schließlich führen Sie sich bitte noch vor Augen: Es gibt das Leben nach der Katastrophe: Was ist das Schlimmste, das passieren könnte? Und was ist, wenn genau dies passiert?

Am besten, Sie spielen schwierige Gespräche mit Freundin oder Partner vorher mindestens einmal durch. Das mag Ihnen lächerlich vorkommen. Dieses Gefühl rührt oft nur daher, daß Sie sich der ängstigenden Situation nicht mal im Spiel aussetzen mögen. Tatsächlich entspannt Sie das Spiel und bereitet auf den Ernstfall vor.

3 Auftritte

Der Auftritt ist eine ganz besondere soziale Situation. Eine Person steht im Zentrum der Aufmerksamkeit. Alle Augen sind auf sie gerichtet. Die Person im Zentrum hat eine Aufgabe, die sie gewissermaßen öffentlich zu erfüllen hat, zum Beispiel ein Projekt zu präsentieren, andere für einen Plan zu gewinnen, ein Produkt zu verkaufen, vor einer schwierigen Entscheidung über die Ausgangssituation zu informieren – oder auch, andere von der eigenen Person zu überzeugen.

Der Auftritt bietet die Chance, sich zu profilieren. Je schwieriger die Situation, je kniffliger die Aufgabe, desto größer auch die Möglichkeit, bekannt und anerkannt zu werden. Er birgt aber auch die Gefahr, sich weithin sichtbar in die Nesseln zu setzen.

Die Person im Zentrum kann und muß sich selbst und ihre Leistung zeigen. Die Zuhörer und Zuschauer beurteilen sie. Die Scheinwerfer sind hell. Ungenauigkeiten, technische Mängel, persönliche Reaktionen, die in einer weniger exponierten Situation untergehen, werden ausgeleuchtet. Möglicherweise testen die Zuhörer, ob die Darstellung »echt« ist. Frauen im Rampenlicht werden stets getestet.

Der Auftritt bedarf daher besonderer Aufmerksamkeit in Planung und Durchführung. Selbstdarstellung, Inhalte und »technischer« Ablauf sollten bedacht werden. Nur Menschen mit großer Routine sollten es riskieren, unvorbereitet aufzutreten. Auftritte eignen sich in der Regel nicht für spontane Aktionen.

Sichtbar werden ist heikel

Frauen zögern oft, wenn sie die Möglichkeit angeboten bekommen, durch einen Auftritt sichtbarer zu werden. Sie sind dieser Chance gegenüber häufig ambivalent – mit gutem Grund.

Obwohl Frauen sich heute nicht mehr hinter Mauern und Vorhängen verbergen müssen, obwohl enthüllte Frauen zu unserem visuellen Alltag gehören, ist das Sich-Zeigen für eine Frau immer noch heikler und schwieriger als für den Mann.

Abbildung 2: Ein Familienfoto

Was kann sie tun, damit sie als Individuum gesehen wird – nicht als Besitz noch als Objekt sexuellen Interesses, sondern als weibliches Einzelwesen mit einem Namen, mit einer Geschichte, mit ganz persönlichen Eigenarten und Fähigkeiten.

»Was sagen Sie als Frau denn dazu?« »Und wer ist sie? Sie ist die Tochter von …, die Ehefrau von …« In diesen Fragen ist das Individuum verschwunden. Ein alltägliches Ereignis – wer wird sich darüber aufregen?

Das Familienfoto (Abbildung 2) ist alt, aber die Unterschrift stammt aus dem Jahr 2001. Sie lautet:

»Die fünf Kinder von Reverend Thomas Kennan: John (hinten links), Jairus (hinten rechts) und die drei Töchter in der vorderen Reihe, fotografiert mit ihren Ehepartnern in den 1850iger Jahren.«[1] Hoffen wir zugunsten des *New York Review of Books*, daß die Namen der Töchter nicht mit überliefert wurden.

Sichtbarkeit ist in jeder Organisation ein knappes Gut und daher heiß umkämpft. Wem es gelingt, durch eine besondere Aufgabe Sichtbarkeit zu bekommen, wird von den Kollegen mit Argusaugen beobachtet. Wenn dieser Jemand eine Frau ist, schauen die Augen noch ein wenig strenger.

Eine Frau, die in beruflichen Zusammenhängen die Bühne betritt und sich ins Rampenlicht stellt, muß davon ausgehen, daß sie auf zwei Dimensionen bewertet wird: Auf der einen fragen sich die Zuschauer »Wie finde ich sie als Frau?« Als Maßstab dient jeweils das eigene Frauenbild. Und auf der anderen beurteilen sie die Leistung, allerdings meist nicht unabhängig von der ersten Dimension: »Für eine Frau ganz ordentlich« oder »Von einer Frau ja nicht anders zu erwarten« oder »Die ist ja gar keine richtige Frau!«.

Gerade dann, wenn eine Frau fachlich hervorragend ist, fühlen sich Männer in ihrer Vorstellung eigener Grandiosität bedroht und schlagen zurück; sehr gern dadurch, daß sie die Frau als Frau abwerten, sie für unweiblich erklären. Dann mag sie zwar nach dem Kriterium der Kompetenz erfolgreich aufgetreten sein – in bezug auf ihre Weiblichkeit hat sie verloren.

Männer haben es in diesem Punkt einfacher – sie werden nur auf der Kompetenzdimension beurteilt, denn diese ist deckungsgleich mit ihrer Männerrolle.[2]

Ob Sie also Ihre Auftritte erfolgreich gestalten können, hängt davon ab, wie es Ihnen gelingt, diese schwierige Situation auszubalancieren.

Frau Beckers Geschichte

Frau Becker plant, sich von ihrer Partei als Kandidatin für die Bundestagswahl aufstellen zu lassen. Am Wochenende ist der Parteitag, dazu muß sie ihre persönliche Vorstellung vorbereiten. Es gibt eine ganze Reihe von Bewerbern und jede(r) hat zehn Minuten Zeit, sich als Person vorzustellen und ihre/seine programmatischen Schwerpunkte zu skizzieren. In diesen zehn Minuten müssen die Delegierten überzeugt und gewonnen werden.

Frau Becker möchte gern mit einem Paukenschlag beginnen, mit einer Aussage, die sofort die Aufmerksamkeit der Delegierten auf sich zieht.

Sie hat sich einen Satz über sich selbst und den ihr gefährlichsten Mitbewerber überlegt, der diese Paukenschlagfunktion erfüllen soll. Sie möchte beginnen mit: »Herr X und ich sind beide eine gute Wahl, haben aber ein sehr unterschiedliches Profil.«

Wo ist der Paukenschlag? Warum will sie zu Beginn ihrer Vorstellung die Aufmerksamkeit der Delegierten nicht nur auf sich, sondern auch auf ihren aussichtsreichsten Mitbewerber lenken? Sie möchte fair sein, sagt sie, und sie möchte das auch zeigen. Bestehen denn Zweifel an ihrer Fairness? Nein. Wird Fairness von ihrem Landesverband ganz besonders honoriert? Nein.

Ein neuer Paukenschlag muß her. Im Gespräch darüber, wie der Entschluß, zu kandidieren, überhaupt zustandekam, sagt Frau Becker: »Ich bin Politikerin aus Leidenschaft.« Warum nicht mit diesem Satz beginnen? Wäre das nicht ein guter Anfang?

Frau Becker hat Skrupel: »Kann man so was denn sagen? Ist das nicht zu dick aufgetragen? Wie sieht es denn aus, wenn ich mich da so hervortue?« Sie zögert. Bis Sonntag muß sie sich entscheiden.

Die Angst vor der Angst

Der Auftritt ist ein komplexes Geschehen, bei dem verschiedene Arten von Zielen erreicht werden sollen. Die Inhalte müssen klar vermittelt werden, der Verlauf sollte eine gute Dramaturgie haben, die Technik sollte reibungslos und unterstützend funktionieren und die eigene Person soll auch noch »gut ankommen«.

Kein Wunder, daß geplante, gut vorbereitete Auftritte besser gelingen als unvorbereitete. Manche Frauen haben Vorbehalte dagegen, »alles« zu planen und ganz besondere Widerstände gegen eine überlegte, vorbereitete Selbstdarstellung. Sie mögen sich mit der Fragen: »Als wer möchte ich gesehen werden und was kann ich dazu tun, daß das gelingt?« nicht befassen. Sie unterscheiden zwischen echt und unecht. Echt ist gut und unecht ist schlecht. Echt ist ungeplant, spontan und authentisch. Sorgfältig vorbereitetes, einstudiertes Verhalten wäre damit unecht.

Es könnte sein, daß die Abneigung, so eine Situation vorzubereiten, noch andere Ursachen hat. Denn die Unterscheidung in echt und unecht hält einer genaueren Betrachtung nicht stand. Das als spontan erlebte Verhalten ist ja ebenfalls angeeignet; es hat sich in vielen Situationen offenbar bewährt und ist daher als erfolgreiches Muster Teil des persönlichen Verhaltensrepertoires. Und was ist authentisch und echt? Immer gleich? Das kann ja nicht stimmen, denn bei den vielen Begegnungen, die ihre berufliche Tätigkeit den meisten beschert, zeigen sich die Menschen durchaus nicht immer gleich, sondern betonen einmal die eine, ein anderes Mal eine ganz andere Facette ihrer Persönlichkeit.

Vielleicht ist eine Quelle der Abneigung gegen die Vorbereitung des Auftritts einfach die Angst: Die Angst, es könnte nicht gelingen, die Angst, Fehler zu machen, Antworten nicht zu wissen, die Angst, nicht anzukommen bei den Zuhörern, abgelehnt und kritisiert zu werden. Der Auftritt ist eben nicht nur eine Chance, sondern auch eine bedrohliche Situation. Da wird herauskommen, daß Sie nichts können und nichts wissen und niemand sind.

Wenn Sie die Angst vor der Angst überwinden und sich entschließen, die kommende Aufgabe genau zu betrachten, zu untersuchen und ihre Bewältigung zu planen, dann steigen Ihre Chancen. Sie können nämlich im Zuge Ihrer Vorbereitung auch überlegen: Was brauchen Sie, um Ihre Kompetenzen und Ihre persönlichen Verhaltensmöglichkeiten unter Anspannung möglichst gut zur Verfügung zu haben. Kurz gesagt: Was brauchen Sie, um sich sicher zu fühlen – dann verfügen Sie nämlich auch über Ihre Kompetenzen. Richten Sie sich den Auftritt so ein – soweit es in Ihren Möglichkeiten steht –, daß wenigstens einige Ihrer Sicherheitsbedingungen erfüllt sind. Sonst sind Sie bei einem unvorhergesehenen Ereignis plötzlich auf eine Verhaltensvariante reduziert – auf Ihre persönliche Panikreaktion.

Und was brauchen Sie zu Ihrer Sicherheit? Klare Gedanken, eine gute Gliederung? Ein paar Kontaktadressen im Publikum? Einen Probelauf mit der Technik? Zwei Probeläufe? Einen Besuch beim Friseur? Eine Botschaft, die Sie begeistert und hinter der Sie stehen? Ein elegantes Outfit? Überlegen Sie mal!

Ein gelungener Auftritt bedarf der Vorbereitung

Wenn ein Auftritt erfolgreich sein soll, reicht es nicht aus, sachkompetent zu sein, sondern die Kompetenz bedarf der kundigen Inszenierung.

In der Regel verfolgt diejenige, die auftritt, Sachziele und Beziehungsziele. Sachziel kann z. B. sein, über den Stand eines Projektes zu informieren. Das funktioniert aber nur, wenn gleichzeitig Ziele auf der Ebene der Beziehung erreicht werden. In beruflichen Zusammenhängen heißt dies meist, daß die Rednerin von den Zuhörern als Sachautorität akzeptiert werden muß. Wenn sie nicht glaubwürdig ist und die Zuhörer ihr nicht trauen, werden in der Regel auch die Sachziele nicht erreicht.

Die Inszenierung der Kompetenz ist in zwei Grundvarianten möglich: Sie können den Kompetenzunterschied herausstreichen und betonen. Damit erheben Sie einen klaren Anspruch und distanzieren sich deutlich von den Zuhörern. Oder Sie können darauf hinweisen, daß der Unterschied ein gradueller sei, daß er sich nur auf bestimmte Felder erstrecke etc. Das verringert die Distanz zu den Zuhörern, die Sachautorität ist damit aber auch anfälliger und kann leichter infrage gestellt werden.

In den Augen aller Beteiligter gibt es für denjenigen im Rampenlicht einen Korridor akzeptablen und gewünschten Verhaltens, innerhalb dessen er/sie sich bewegen muß. Verlassen sie diesen Korridor, wird es peinlich, störend, die Sachautorität wird in Frage gestellt oder die Glaubwürdigkeit geht verloren. Der Kanon von Verhaltensregeln erstreckt sich auf viele Bereiche der Person: die Kleidung, die Bewegungen, die Stimme, die Inhalte, die persönlichen Reaktionen auf Nachfragen, die Kontaktgestaltung etc. Diese Regeln sind nicht überall gleich, sondern variieren etwas von Organisation zu Organisation und von Anlaß zu Anlaß. Bei Außenkontakten wird der Auftritt zur Botschaft der Firma an Kunden, Mitbewerber oder Klienten: »So sehen wir uns; so verstehen wir unsere Dienstleistung; so sind unsere Ansprüche.«

Bei aller Unterschiedlichkeit gibt es doch Trends, die Maßstäbe setzen, nach denen bei der Gestaltung eines Auftritts zwischen »altmodisch« und »auf der Höhe der Zeit« unterschieden werden kann (und wird!).

Für den Seelenfrieden aller Anwesenden ist es wichtig, daß die Präsentation technisch reibungslos läuft; daß alle Geräte funktionieren; daß die Folien einwandfrei gezeichnet sind und in der richtigen Reihenfolge aufgelegt werden, daß die Rednerin einen Filzstift benutzen kann, ohne daß er quietscht oder ausgetrocknet ist; daß es ihr gelingt, schon im ersten Anlauf die Metaplankarte an die Pinwand zu bringen – kurz, daß sie die visuellen Hilfsmittel, die sie benutzt, beherrscht und daß sie funktionieren.

Zum technischen Ablauf gehören auch bestimmte Verhaltensweisen der Person: Wendet sich die Rednerin dem Publikum zu, sucht sie Augenkontakt, redet sie einzelne direkt an; formuliert sie klare, einfache Botschaften – »Bullets« heißt es beim Fernsehen – Geschosse. Die ganze Rhetorik gehört dazu, die sog. »Dramaturgie« der Darstellung, wie ist die Präsentation aufgebaut, womit fängt sie an, was kommt dann, an welcher Stelle sind die wichtigsten Botschaften placiert, wie ist der Schluß gestaltet? Werden die Zuhörer einbezogen oder nicht, wenn ja, wie und an welcher Stelle?

All dies sollten Sie vor Ihrem Auftritt überlegen und möglicherweise üben. Zu Ihrer Unterstützung gibt es Bücher und Seminare.[3]

Je besser Sie das Handwerkszeug beherrschen, desto gelassener können Sie sich den Zuhörern zuwenden und dem, was Ihnen inhaltlich wichtig ist.

Wohin mit der Frau?

Frauen werden im Unterschied zu Männern bei jedem Auftritt auch daraufhin beurteilt, was sie denn für eine Frau seien. Dabei geschieht in dieser Situation besonderer Sichtbarkeit, in der jede Bewegung studiert und jede Kleidungsfalte, jeder Schatten auf der Mimik zur Kenntnis genommen wird, etwas sehr

Seltsames: Obwohl die Frau im Rampenlicht so genau zu sehen ist, wird sie einem Stereotyp zugeordnet, einem Bild aus der durchaus begrenzten Auswahl von Frauenbildern, die die Zuhörer und Zuschauer bereits im Kopf haben. Stereotypen zeichnen sich dadurch aus, daß sie grobe Raster sind, Holzschnitte, mit denen wir Ordnung in unsere Welt bringen. Alles, was nicht ins Bild paßt, wird ausgeblendet, abgeschnitten. Stereotypen können eine ganze Menge widersprechender Information absorbieren, ohne ins Wanken zu geraten. Wenn ein solcher Holzschnitt doch ins Wanken gerät, wird er meist nur durch einen anderen ersetzt.

Es gibt leider noch keine Frauenstereotypen, die problemlos Hochleistung oder Führungspotential mit Weiblichkeit verbinden. Die Rollen, denen Einfluß und hohe Sichtbarkeit zukommen, sind in der Regel nicht geschlechtsneutral und nicht weiblich, sondern maskulin definiert. Von ganz seltenen Ausnahmen abgesehen, sind Weiblichkeit und Hochleistung in den Köpfen der Zuschauerinnen und Zuschauer nicht in Zusammenhang zu bringen. Und auch für die im Rampenlicht stehenden Frauen gibt es nicht sehr viele Vorbilder, an denen sie sich orientieren könnten.

Dennoch muß diese Integration geleistet werden. Frauen müssen »irgendwie« ihr Frau-Sein in der Rolle der kompetent und souverän auftretenden Führungsfigur unterbringen.

Eine Möglichkeit besteht darin, die eigene Weiblichkeit »herunterzuspielen«, zum Beispiel dadurch, den burschikosen Kumpel zu geben, eigene Empfindlichkeiten und Gefühle zu verbergen, sich anzubieten als »One of the Boys«. Dies funktioniert in Gruppen besser als auf der Bühne. Der Preis: Männer und Frauen werden der Frau bei passender Gelegenheit vorwerfen, sie sei maskulin. Das kränkt.

Außerdem muß sie die Kumpel-Rolle in ihr Selbstbild integrieren.

Eine weitere Form des Herunterspielens ist das Neutrum. Das Neutrum ist asexuell, als Person fast unsichtbar. Das Neutrum verbrüdert sich nicht mit den Männern, sondern betont allein die Sache und die Fachlichkeit. Das Neutrum versucht, dem Dilemma zu entkommen, indem es praktisch nur die eine

Rolle anbietet, nämlich die des leistungsstarken Individuums, das von seiner Geschlechtlichkeit her schwer einzuordnen ist.

Aber auch das Neutrum ist kein sicherer Ort. Wenn die Frau durch wirklich exzellente Leistung brilliert, und alle Versuche, sie zu verunsichern, an ihrer inhaltlichen Überlegenheit scheitern, dann wechseln Männer, die sich in ihrer Größenvorstellung bedroht fühlen, gern das Spielfeld und stellen fest: Sie mag ja gut sein – aber eine Frau ist sie nicht! Zudem könnte es geschehen, daß die Dauerverkleidung zur Charaktermaske erstarrt. Eine Frau, die gewohnheitsmäßig einen zentralen Aspekt ihrer Identität verbergen muß, wird daraus nicht unbeschädigt hervorgehen.

Eine andere Möglichkeit ist die Rolle der klugen Tochter. Bei Auftritten können die Männer Frauen in dieser Rolle ganz gut zuhören, sie fühlen sich nicht sexuell herausgefordert und in ihrer Kompetenz bedroht, die Rangordnung bleibt intakt. Die kluge Tochter darf auch ein bißchen charmant sein, sie stellt die Position der Männer nicht wirklich infrage. Viele Führungsfrauen sind ewige Töchter. Sie sind fleißig und tüchtig und erwarten, daß der Vater ihre Leistung sieht und sie dafür belohnt.

Souveräne Hierarchen lassen kluge Töchter weit kommen. Eng wird es erst, wenn die Tochter Sach- und Führungsautorität beansprucht, wenn andere sie als überlegen akzeptieren und sich ihrer Leitung anvertrauen sollen.

Manche Frauen sind Naturtalente in dieser exponierten Situation. Andere machen gute Erfahrungen, wenn sie flexibel zwischen möglichen Rollen wechseln. Blitzschnell springen sie von der coolen Vortragenden zum Schalk, von dort zur Autorität Beanspruchenden und weiter zur mütterlich Verständnisvollen; im nächsten Atemzug weisen sie einen Einwurf kühl zurück, um dann mit einem flirtenden Seitenblick der Abweisung ihre Schärfe zu nehmen.

Oder sie verstehen es, gleichermaßen als Frau und als Fachkraft souverän aufzutreten und während sie dies tun, den anwesenden Männern zu signalisieren: »Ich bin eine Frau, die euch Männer zu schätzen weiß!«

Sie haben nicht die freie Wahl, aber mehr Optionen, als Sie

bisher genutzt haben. Finden Sie heraus, wie Sie das Dilemma in der Regel lösen und prüfen Sie – falls Sie häufiger Auftritte zu gestalten haben –, wie Sie regelmäßig freundliche Mißachtung, Testfragen oder kritische Einwürfe hervorrufen. Experimentieren Sie mit der Erweiterung Ihrer Möglichkeiten.

Was Sie tun und was Sie lieber lassen sollten

Angesichts dieser komplizierten Balanceakte ist es nun notwendig, einen Blick auf die eigenen Stärken zu werfen. Manche sind zur Bewältigung von Auftritten sehr vorteilhaft.

Frauen fällt es leichter als Männern, sich auf ihre Zuhörer einzustellen und auf sie einzugehen. Nutzen Sie Ihr Einfühlungsvermögen! Beschäftigen Sie sich bei der Planung Ihres Auftritts mit Ihren Zuhörern. Was erwarten sie, wie nehmen sie Informationen auf, welche Sprache ist ihnen vertraut, was könnte sie besonders interessieren? Wie können Sie sie »dort abholen, wo sie sind«, wie es immer so schön heißt.

Nehmen Sie Einwürfe und Einwände auf und stellen Sie sicher, daß Sie sie verstanden haben, bevor Sie sie beantworten (leider ist das keineswegs selbstverständlich), aber verlieren Sie darüber nicht Ihren roten Faden. Es ist durchaus üblich, Fragen kurz zurückzustellen, um erst einen eigenen Gedanken abzuschließen – nur nicht vergessen, sie dann zu beantworten! Lassen Sie sich ein auf die Gedankengänge der Zuhörer, aber folgen Sie ihnen nicht so weit, daß Sie den Rückweg zu Ihren eigenen Prioritäten nicht mehr finden.

Wenn Sie etwas nicht wissen oder wenn Ihnen ein Fehler vorgehalten wird, wirkt Drumherumreden immer schlecht (auch bei Männern, aber denen wird es weniger angekreidet). Besser ist, gleich offen zu sein. Wie macht es beispielsweise Frau Merkel?

»Das kann sie. Einem Gegenüber die schärfsten Krallen aus der Fragepranke ziehen. Das geht bei ihr schmerzfrei durch den Charme und die örtliche Betäubung des freiwilligen Eingeständnisses.«[4]

Viele Frauen haben ein scharfes Ohr für Untertöne. Sie bemerken die Gefühle des anderen, auch wenn sie unausgesprochen sind. Sie können diese Gefühle bei ihrer Antwort berücksichtigen – das ist ein Vorteil. Kritische oder feindselige Untertöne verführen aber auch zu entsprechenden Reaktionen – das ist ein Nachteil.

Männer nutzen Auftritte von Frauen gern dazu, diese zu testen, möglicherweise in die Enge zu treiben oder auch – diskret oder weniger diskret – anzugreifen und abzuwerten.

Die Frau im Rampenlicht ist gut beraten, diese Untertöne zu überhören.

Tun Sie so, als sei es ein ganz sachlicher Einwand gewesen, und antworten Sie ebenso. Eine scharfe oder spitzzüngige Reaktion zeigt, daß Sie getroffen sind und setzt Sie außerdem ins Unrecht, denn der Frager wird die Untertöne verleugnen, sich auf den Sachinhalt beziehen und unschuldig fragen: »Was hat sie denn? Ihr Frauen seid aber auch zu empfindlich!«

Handelt es sich nicht um Untertöne, sondern um offenen Angriff, dann können Sie versuchen, sachlich zu antworten. Besser noch wäre ein witziger Einfall, der der Situation die Schärfe nimmt, ohne das Gegenüber bloßzustellen.

Wenn Frauen sich unsicher fühlen, neigen sie dazu, schon ehe es schwierig wird, vorbeugende Maßnahmen zu treffen. Diese – bewußt oder unbewußt eingesetzt – sollen potentiellen Angreifern eine Beißhemmung verpassen. Dazu dienen zum Beispiel verschiedene selbstverkleinernde Redewendungen wie:

»Es ist schwierig, in so kurzer Zeit zu diesem komplexen Thema das Wichtigste zu sagen ...« oder »Ich beschäftige mich zwar noch nicht lange damit, aber ...« oder »Sicher verstehen manche in dieser Runde mehr davon als ich ...« oder »Leider war das freie Sprechen noch nie meine Stärke ...« und so weiter und so fort. Wenn Sie Ihr Augenmerk erst einmal auf solche selbstverkleinernden Wendungen gerichtet haben, wird Ihnen auffallen, wie viele es davon gibt und wie oft Sie sie anwenden.

Ebenfalls in die Kategorien der Schutzmaßnahmen gehören die in manchen Milieus sehr beliebten – unerbetenen – Selbstenthüllungen, die Unerschrockenheit suggerieren, in Wirklichkeit aber schützen sollen. Wer den eigenen Auftritt mit der

Mitteilung einleitet: »Ich bin ganz aufgeregt«, mag zwar die Wahrheit sprechen, outet sich selbst aber als unprofessionell. Und wer das Versagen des Overhead-Projektors mit den Worten kommentiert: »Technik war noch nie mein Fall«, darf nicht mit Schonung rechnen.

Zum Bild des weiblichen Sozialcharakters gehört, daß Frauen ihren Gefühlen näher seien als Männer, daß sie Gefühle bei anderen besser aushalten, selbst leichter äußern und möglicherweise auch stärker empfinden als Männer. Sie sind zuständig für das Emotionale.

In beruflichen Zusammenhängen wird diese Eigenart gern instrumentalisiert und zum Nutzen des Unternehmens eingesetzt. Frauen bekommen die Aufgabe, kritische Käufer zu besänftigen, sie sollen schwierige Teams integrieren und schwierige Kunden mit ihrer Liebenswürdigkeit bei Laune halten.[5]

Jedes echte Gefühl – gar noch bei einem Auftritt – ist bedrohlich und unerwünscht. Wenn eine Frau im Rampenlicht emotional wird, wenn ihr möglicherweise die Tränen kommen, fühlen Männer sich ratlos, ohnmächtig und daher schlecht. Sie verübeln ihr, daß sie ihnen diese Gefühle bereitet. Bedrohlich sind Emotionen auch im Betrieb und an all den Orten, die sich auf ihre Rationalität etwas zugute halten. Zum Selbstverständnis der Organisation gehört es, daß in ihr Ereignisse und Prozesse gesteuert und kontrolliert werden. Leidenschaft ist nur willkommen, wenn sie sich vermarkten läßt. Unkontrollierte Emotionalität – und der Eindruck, daß sie unkontrolliert sei, entsteht sehr schnell – stellt dieses Selbstverständnis infrage.[6]

In einen Auftritt gehören daher nur wohlgeplante Gefühle, denen bei der Darstellung eine bestimmte Aufgabe zugedacht ist. Denn der Auftritt ist ein kalkuliertes Ereignis.

Prüfen Sie Ihre Bedürftigkeit!

Wer auf der Bühne steht, möchte Beifall und Anerkennung. Wer etwas anzubieten hat, möchte Käufer finden. Alle Menschen sind bedürftig – aber sie unterscheiden sich im Ausmaß ihrer Bedürftigkeit. Manchen erlaubt ihre Biographie, Ablehnung oder Kritik gelassener zu ertragen. Sie strengen sich nicht so sehr an, um es allen recht zu machen, denn sie halten es aus, daß andere mit ihnen unzufrieden sind. Wenn sie etwas zu verkaufen haben, kommen sie den Käufern in manchen Punkten entgegen. In anderen, die sie als entscheidend für ihr Konzept betrachten, bleiben sie fest. Sie grenzen sich auch mal deutlich ab, verweigern die Zustimmung, riskieren eine Auseinandersetzung.

Es ist gut, die eigene Bedürftigkeit zu kennen, denn sie macht Sie abhängig. Wenn der Wunsch, von den Zuhörern geliebt zu werden, sehr stark ist, dringt er Ihnen durch die Poren und teilt sich mit. Machtbewußte Personen im Publikum »riechen« Ihre Abhängigkeit und machen sich ein Vergnügen daraus, mit Ihnen zu spielen. Sie stellen immer neue Bedingungen für die Anerkennung, sind mit Antworten nicht zufrieden und schauen genießerisch dabei zu, wie Sie sich abmühen. Sie ködern Sie mit ihrer Verweigerung. In Ihrem Bemühen, sie doch noch für sich zu gewinnen, laufen Sie in Gefahr, die Steuerung aus der Hand zu geben und den Überblick zu verlieren.

Achten Sie einmal darauf, wenn Sie auf der Bühne stehen – gelegentlich reicht schon ein kritisch guckender Mensch in der ersten Reihe, der Ihre Ausführungen mit nonverbalen Kommentaren begleitet. Mal runzelt er die Stirn, mal schüttelt er den Kopf oder wiegt ihn bedenklich hin und her; dann zieht er die Augenbrauen hoch oder legt die Hände vors Gesicht. Es kann Ihnen passieren, daß Sie sich in Ihren Ausführungen innerlich fast nur noch an ihn wenden, daß Sie sich anstrengen, ein zustimmendes oder anerkennendes Nicken zu ernten. Sie merken, wie stark Sie innerlich auf diese Signale reagieren, wieviel Macht der Betreffende in dieser Situation über Sie gewinnt.

Diese Bedürftigkeit können Sie nicht einfach zum Verschwinden bringen, aber Sie müssen sich ihr auch nicht ausliefern. Sie können sie kennenlernen, in ihrer Stärke und ihren Eigenarten studieren. Und Sie können ihr durch das Katastrophenszenario ein wenig von ihrer Kraft nehmen. Dazu stellen Sie sich zu einer Situation, die Sie in helle Panik versetzt und Ihnen so Ihre Handlungsmöglichkeiten raubt, folgende Frage: »Was ist das Schlimmste, das passieren könnte?« Manchmal dauert es ein bißchen, bis Ihnen eine Antwort einfällt: »Alle drehen sich um und sagen: ›Ist die blöd!‹«, oder »Ich stelle mich hin und frage: ›Wer macht dabei mit?‹ – und keiner antwortet!« oder »Ich beende meinen Vortrag mit diesem Witz, den ich so liebe – und alles ist totenstill. Keiner klatscht«.

Wenn Sie nun noch ein bißchen weiterdenken, merken Sie: Die Situation ist schrecklich, aber sie bringt Sie nicht um. Es gibt ein Leben nach der Katastrophe.

Sie sind vielleicht immer noch abhängig, aber es ist keine Abhängigkeit auf Leben und Tod. Damit sind Sie freier.

Frau Wienands Geschichte

Frau Wienand hat sich vor kurzem als Trainerin und Beraterin selbständig gemacht. Nun ist sie dabei, ihren ersten größeren Trainingsauftrag an Land zu ziehen. Das schriftliche Angebot erschien der Firma interessant. Die Verantwortlichen haben daraufhin Frau Wienand eingeladen, ihre Vorstellungen noch einmal vor einigen leitenden Mitarbeitern der Betrieblichen Weiterbildung zu präsentieren.

Frau Wienand hat in die Vorbereitung ihres Auftritts sehr viel Arbeit gesteckt, denn sie möchte den Auftrag unbedingt bekommen. Genauer gesagt, sie muß ihn bekommen, um die nächsten Monate einigermaßen zu überstehen.

Zunächst läuft die Präsentation gut, aber dann beginnen die Fragen. Insbesondere ein jüngerer Mann profiliert sich mit unangenehmen Beiträgen. Vor allem möchte er wissen, welche Veränderungen Frau Wienand bereit ist, an ihrem Konzept vorzunehmen: »Würden Sie von den geplanten drei Modulen auch auf zwei heruntergehen? Könnte man den Stoff nicht auch an drei halben Tagen vermitteln anstatt an zwei ganzen? Wären Sie bereit, statt 15 Teilnehmern auch 20 zu akzeptieren?«

Zunächst versucht sie, zu argumentieren. Aber als der andere hart bleibt, gerät sie in Panik. Sie sieht ihre Felle davonschwimmen. Was soll sie bloß machen, wenn aus dem Auftrag nichts wird? Frau Wienand versucht, ihrem »Gegner« entgegenzukommen, zuerst ein bißchen, dann mehr und mehr. Immer größere Einschränkungen des ursprünglichen Konzepts ist sie bereit, hinzunehmen. Aber je mehr sie nachgibt, desto unangenehmer wird der andere. Am Ende hätte sie am liebsten gesagt: »Dann eben nicht!« Aber das hat sie sich nicht getraut.

»Eigentlich eine nette Frau,« hört sie in der Pause einen Mitarbeiter zum anderen sagen, »und das Konzept hat mir gut gefallen. Schade, daß sie so auftragsgeil ist.«

Frau Wienand hat den Auftrag nicht bekommen. In ihrer Bedürftigkeit hat sie sich dem potentiellen Kunden ausgeliefert und hat versucht, auf all seine Bedingungen einzugehen. Aber diese Bereitschaft wird nicht honoriert, im Gegenteil, der Kunde sieht nur, wie abhängig sie sich macht, und verachtet sie dafür.

Der Kontext des Auftritts hilft, Unerklärliches zu verstehen

Jede Präsentation, jeder Auftritt innerhalb oder an den Grenzen Ihrer Organisation findet in einem Kräftefeld statt. Zum Teil ist dieses Feld sichtbar, zum Teil ist es unsichtbar. Viele Reaktionen auf Ihren Auftritt lassen sich nur richtig verstehen und zuordnen, wenn Sie das Kräftefeld in Rechnung stellen. Das kann Sie entlasten, denn oft sind Sie nicht persönlich gemeint, wenn Kritik geübt wird.

So werden Sie vielleicht bei einem Auftritt von Zuhörern in die Enge getrieben, die eigentlich lieber dasselbe mit Ihrem Vorgesetzten machen würden. Oder Uneinigkeit über das ganze Projekt wird auf Ihrem Rücken ausgetragen. Es kann auch sein, daß manche Leute Ihrer Abteilung die gute Presse neiden. Vielleicht fangen konkurrierende Kollegen einen Wettstreit miteinander an, wer die scharfzüngigste Bemerkung machen kann – leider auf Ihre Kosten.

Konflikte in einem Kräftefeld zeigen sich bei so einer Gelegenheit, alte Rechnungen werden beglichen, und die exponierte Person dient als Blitzableiter für vielerlei Spannungen.

Gewinnen Sie Abstand und Zeit zum Nachdenken, vergleichen Sie Ihre Eindrücke mit denen anderer, bevor Sie sich die Kritik zueigen machen.

TEIL III

Drei Versuchsfelder

Auf den Versuchsfeldern, die im folgenden beschrieben werden, sind Sie eingeladen zu experimentieren – in kleinen oder größeren Schritten, halbherzig oder mit Elan, ein wenig oder umfassend – so, wie es Ihnen möglich ist und wie es zu der Situation, in der Sie sich gerade befinden, paßt.

Die Experimente beziehen sich nicht so sehr auf einzelne Verhaltensweisen, sondern eher auf komplexe Aktivitäten. Dazu gehören einzelne Handlungen ebenso wie innere Bilder, mentale Modelle, mit denen Sie an eine Situation herangehen, Gefühle, die Sie bewegen, Einstellungen, die Sie möglicherweise überprüfen müßten.

Gelegenheiten zum Experimentieren gibt es viele. Manche sind recht beiläufig und werden von anderen gar nicht bemerkt. Ein andermal steht das Experiment im Mittelpunkt und im Rampenlicht. Manche Versuche sind unsichtbar und unhörbar – andere leben davon, daß Sie von ihnen erzählen.

In diesem Buch werden drei Versuchsfelder skizziert.

Zunächst werden Sie eingeladen, »Gespräche neu einzurahmen«. Damit geben Sie der geplanten Unterhaltung eine neue Bedeutung, sich selbst und den anderen Beteiligten eine neue Rolle.

Je nach dem Rahmen, den Sie für ein Gespräch wählen, ändert sich Ihre innere Haltung. Ihre Handlungsoptionen werden andere, Ihre emotionale Gestimmtheit wandelt sich, und Sie können anders auf Ihre Ziele zugehen.

Auf dem zweiten Feld wird mit der Identität experimentiert, genauer gesagt, damit, wie wir uns selbst gegenüber unterschiedlichen Personen und Personengruppen sehen und darstellen, was wir als unser jeweiliges Selbst auswählen und mit welchen Geschichten und welchen Symbolen wir dieses Selbst illustrieren. »Sich zeigen« heißt das Thema.

Und schließlich geht es darum, innere Bilder, Konzepte, Strategien und Verhaltenskompetenzen zu entwickeln, die Sie darin bestärken, in Ihrer Organisation Politik zu machen. »Politikfähig werden« heißt dieses Versuchsfeld.

1 Gespräche neu einrahmen

In jedes Gespräch, in jede Diskussion gehen wir mit einer inneren Voreinstellung, die unsere Wahrnehmung steuert und unser Verhalten bestimmt. Auch unsere Deutung dessen, was dann tatsächlich geschieht, ist von diesen Erwartungen geprägt.

In dem Moment, in dem wir uns diese Voreinstellung bewußt machen und uns klar wird, welche Überschrift wir dem bevorstehenden Gespräch innerlich bereits gegeben haben, eröffnet sich die Möglichkeit, etwas anderes auszuprobieren. Wir können dem bevorstehenden Treffen eine andere Überschrift geben und beobachten, was dann geschieht. Wir können uns darin üben, die Voreinstellungen des anderen rasch zu erfassen und uns darauf einzustellen. Wir können studieren, was andere tun müssen, damit wir unsere Voreinstellungen verändern. Wenn wir es herausgefunden haben, können wir ausprobieren, dennoch daran festzuhalten.

Rahmen und ihre Bedeutung[1]

Manchmal werden wir Zeuginnen von Mißverständnissen: »Ich dachte, wir wollen die Veranstaltung auswerten – ich wußte nicht, daß in Wirklichkeit mit der Kollegin abgerechnet werden sollte.« Oder: »Ich dachte, wir besprechen heute, wie wir am besten weiter verfahren – aber jetzt merke ich, Sie haben feste Vorstellungen, die wir nur noch abnicken sollen.«

Bei solchen Gelegenheiten können wir etwas über Rahmen erfahren. Rahmen sind die Bedeutungskontexte, in die wir einzelne Situationen stellen. Psychologenkauderwelsch?

Soziale Situationen, also solche, in denen Menschen miteinander zu tun haben, unterscheiden wir, indem wir sie sortieren und bestimmten Kategorien zuordnen. Eine Feier ist keine Gerichtsverhandlung und ein Bewerbungsgespräch ist kein Schwatz über den Gartenzaun. Die Orte unterscheiden sich, die Anlässe, die Beteiligten, die Kleidung, die Sprache und natürlich das für den Anlaß geeignete Benehmen. Jede dieser Kategorien löst andere Erwartungen und andere Gefühle aus.

Aber auch, wenn die Orte und die Beteiligten dieselben sind, können die Begegnungen unterschiedlich eingerahmt, d. h. verschiedenen Kategorien zugeordnet werden. Wenn Sie mit Ihrem Vorgesetzten über ein neues Projekt sprechen wollen, das Ihnen am Herzen liegt, dann können Sie dieses Gespräch schon im Vorfeld unterschiedlich einrahmen: Sie können es als ein Verkaufsgespräch betrachten oder als ein Bittgespräch, als eine gemeinsame Beratung, als Kampf oder als Verhandlung.

Für Sie und Ihre Erfolgschancen ist es wichtig, welchen Rahmen Sie wählen. Denn der Rahmen legt die Rollenverteilung fest – Sie sind dann entweder eine Verkäuferin oder eine gleichrangige Diskussionsteilnehmerin, eine Kämpferin oder eine Bittstellerin.

Zu jeder Rolle gehört ein Repertoire an Verhaltensweisen, die dazu passen. Obwohl sich die einzelnen Rollen unterschiedlich ausfüllen lassen, setzen sie doch Grenzen, die nicht überschritten werden dürfen. Die Bittstellerin sollte nicht zu aggressiv sein, die Kämpferin nicht unterwürfig, die Verkäuferin nicht zu zurückhaltend usw.

Außerdem erfordert jede Rolle ein entsprechendes Gegenüber, eine Komplementärrolle. Die Bittstellerin braucht jemanden, der ihre Bitte entgegennimmt; die Kämpferin braucht den Gegner, die Verkäuferin den Käufer.

Jedes Rollenpaar beschreibt zudem ein Rangverhältnis: Sind beide gleichrangig, ist einer über- oder unterlegen? Die Bittstellerin ist schwächer als die gleichrangige Diskussionsteilnehmerin, die Verkäuferin ist abhängiger als der Käufer.

Rollenpaare treffen also auch Aussagen über Machtverhältnisse.

Wenn Sie eine Ihnen bevorstehende Situation in einen bestimmten Rahmen stellen, geben Sie sich selbst damit eine

Rolle und Sie definieren Ihr Verhältnis zu Ihrem oder Ihren Gesprächspartner(n).

Ohne daß Sie es merken, wirkt der Rahmen, den Sie einer kommenden Begegnung gegeben haben, auf Sie ein: Er beeinflußt die Gefühle, die Sie gegenüber der Situation und gegenüber Ihrem Gesprächspartner entwickeln. Sie sind angespannt oder ängstlich; Sie fühlen sich sicher und gelassen oder wackelig, wütend, kampfbereit, offen. Der Rahmen steuert Ihre Erwartungen. Sie erwarten (oder befürchten) Widerstand von Ihrem Gegenüber, Kooperation oder Anerkennung. Und der Rahmen führt dazu, daß Sie innerlich – natürlich ohne es zu merken – Rollen für sich und die anderen »bereitlegen« und ein Set von dazu passenden Verhaltensweisen.

So definiert der Rahmen Ihre innere Ausgangsbasis für das Gespräch oder die Diskussion.

Zu Beginn des Gesprächs ist nicht immer klar, ob der andere das Treffen in den gleichen Rahmen gestellt hat. Denn nur dann »passen« die gewählten Rollen und die Verhaltensweisen zueinander.

Wenn Sie merken, daß der Gesprächspartner sich nicht Ihren Erwartungen entsprechend verhält, wenn Sie spüren, das Klima ist ganz anders, als Sie erwarteten, dann haben Sie beide vielleicht nicht den gleichen Rahmen gewählt.

Es ist z.B. möglich, daß Sie Ihrem Vorgesetzten Ihre Ideen unterbreiten möchten; Sie erwarten Widerstand und haben sich auf Kampf eingestellt. Entsprechend energisch oder defensiv verhalten Sie sich. Nach einigen Minuten bemerken Sie, daß er ganz interessiert nachfragt und offenbar Ihren Vorstellungen gegenüber viel weniger verschlossen ist, als Sie angenommen haben. Er hat das Gespräch nicht als Kampf, sondern als Informations- und Beratungssituation definiert.

Wenn die Gesprächsteilnehmer eine Situation unterschiedlich einrahmen, dann verläuft parallel zur eigentlichen Diskussion eine Verhandlung darüber, welcher Rahmen gelten soll. Im obigen Beispiel ist das unproblematisch, denn für beide Gesprächspartner wäre der Kampf-Rahmen der unangenehmere.

Aber es gibt viele Situationen, in denen beide Gesprächsteilnehmer versuchen, ihren Rahmen durchzusetzen. Dabei versuchen machtbewußte oder geschulte Gesprächsteilnehmer den Rahmen zu setzen und zu halten, der ihnen die meisten Vorteile verspricht. Für die Frau, die sich in einer Kampfsituation mit ihrem Chef wähnte, ist es von Vorteil, rasch sein »Rahmenangebot« zu akzeptieren, denn als gleichberechtigte Diskussionspartnerin ist sie in einer besseren Position.

Wer als Bittstellerin antritt, muß damit rechnen, daß andere auf diesen Rahmen gern eingehen, denn damit bekommen sie die bessere, d. h. einflußreichere Rolle.

Wer sich durchsetzt in diesem unterirdischen Geschacher darüber, wie denn die Situation zu verstehen und die Rollen zu verteilen seien, hängt von verschiedenen Faktoren ab.

1. Von der Schärfe der Wahrnehmung: Wie rasch merken Sie, was hier gespielt wird oder werden soll?
2. Von der Flexibilität, der sozialen Wendigkeit, mit der Sie auf eine Situation eingehen (können), die nicht Ihren Erwartungen entspricht.
3. Von Ihrer subjektiven Sicherheit, daß Ihr Rahmen der angemessenere sei.
4. Von der Fähigkeit, Leimruten auszuweichen, die Sie zur Übernahme des anderen Rahmens verleiten sollen.
5. Vom Status der Beteiligten. Erfolgreich, d. h. auch gegen den Widerstand anderer Beteiligter, zu definieren, wie eine Gesprächssituation verstanden werden soll, ist für Mächtigere leichter.

Frauen befürchten oft, sie seien in der schwächeren Position. Sie erwarten eher Widerstand als Zustimmung, eher Kritik als Unterstützung. Sie rahmen somit soziale Situationen eher zu ihren Ungunsten ein. Sie wählen für sich selbst von vorn herein die schwächere Rolle.

Die beiden Hauptvarianten sind:

1. Die Frau definiert die Situation als eine von Über- und Unterlegenheit. Sie sieht sich selbst in der Rolle der Schwächeren und signalisiert das auch ganz klar: »Ich frage ja nur ganz be-

scheiden an – es ist kein Angriff auf eure Macht, ich tue euch ganz bestimmt nichts, ich bin ganz und gar ungefährlich!«

Sie erwartet: Wenn ich mich nicht klein mache, werde ich nicht bekommen, was ich will. Oder: Wenn ich mich klein mache, dann erhöhe ich die Chancen, zu bekommen, was ich möchte.

Sie macht sich abhängig und hofft, daß das honoriert wird.

Damit bietet sie dem Gegenüber eine überlegene Rolle an, die dieser in der Regel gern annimmt. Er fühlt sich bestätigt in seiner Auffassung, der Mann habe Anspruch auf Überlegenheit. Fazit des Gesprächs für ihn ist: Die Frau wird ihm für Brotkrümel dankbar sein. Wenn das Brot knapp wird, bekommt sie nicht einmal die. Verhandlungen sind nicht notwendig. Bei einem nächsten Gespräch wird er von vornherein von einem Gefälle ausgehen.

Auf der anderen Seite findet sich die Frau in ihren Annahmen über Männer und in ihrem Gefühl eigener Einflußlosigkeit bestätigt.

2. Die Frau definiert die Situation als eine von Angriff und Verteidigung, Sieg und Niederlage. Sie will etwas, sie erwartet, daß andere ihr dies nicht freiwillig zugestehen, sie muß sich stark zeigen, sich behaupten, vielleicht sogar angreifen. Halb aggressiv, halb vorwurfsvoll trägt sie ihr Anliegen vor. Auf Nachfragen reagiert sie heftig. Wenn das Gegenüber verärgert oder abwehrend reagiert, fühlt sie sich bestätigt.

Die Kämpferin wird einen Ruf als schwierige, heftige Frau bekommen. Ihr Gegenüber wird auf Angriffe eingestellt sein und sich verschließen. Falls er einen Versuch unternimmt, das Gespräch in einen anderen, kooperativeren Rahmen zu stellen, nimmt die Frau das möglicherweise nicht einmal wahr.

In beiden Fällen werden die Möglichkeiten der Situation nicht ausgelotet und nicht ausgeschöpft, und das ist ärgerlich. Außerdem haben die Begegnungen langfristige Folgen. Das Bild der Frau festigt sich in den Augen anderer Beteiligter. Es bestimmt deren Erwartungen bei einem nächsten Zusammentreffen.

Der gewählte Rahmen ist oft Ausdruck eines Schwächegefühls. Unsicherheit kann dazu führen, sich klein zu machen –

kleiner, als Sie sind. Genauso kann Unsicherheit aber auch dazu führen, besonders aggressiv aufzutreten.

Viele Gesprächssituationen können Sie erfolgreicher gestalten, wenn Sie dem Gespräch die Überschrift »Sachdebatte« geben und sich selbst als Sachautorität definieren. Um diesen Rahmen und diese Rolle geht es in den folgenden Abschnitten.

Über Autorität

Der Rahmen, in den eine Gesprächssituation gestellt ist, definiert auch die Beziehungen zwischen den Beteiligten.[2] Beides – die Definition von Rahmen und Beziehung – muß durchgesetzt werden. Manchmal gibt es Widerstand, dann nämlich, wenn ein Gesprächsteilnehmer mit den gesetzten Machtverhältnissen nicht einverstanden ist.

Eine Möglichkeit, den selbst gewählten Rahmen und die damit verbundene Beziehung zu den anderen Gesprächsteilnehmern durchzusetzen, besteht darin, Autorität zu beanspruchen. Diese muß nicht nur von Ihnen beansprucht, sondern auch von den anderen Beteiligten anerkannt werden.

> »Autorität wird zugeschrieben. Jemand ›hat‹ oder ›ist‹ nur dann Autorität, wenn andere sie ihm zuerkennen. Autoritäten sind Autoritäten durch andere. Eine Autorität, die dies nur in ihrer eigenen Einbildung und für niemanden sonst ist, ist eine komische, vielleicht tragische Figur.«[3]

Wenn andere in Ihnen eine Autorität sehen, dann ist diese Überzeugung ein Vorschuß, auf den Sie erst einmal bauen können (Sofsky und Paris nennen es: »Symbolisches Kapital«). Autorität wird Ihnen zugeschrieben, wenn andere Sie als überlegen empfinden und sich selbst unterlegen fühlen. Dies kann neidlos geschehen oder auch neidisch machen.

Autorität ist mehr als Macht aufgrund einer Position oder der Kontrolle von Ressourcen. Nicht jeder Mächtige in einer Organisation hat Autorität – und nicht jede Autorität verfügt über formale Macht.

Die Autorität verkörpert zugleich Werte, die andere anerkennen und nach denen sie selbst streben.

Allerdings haben diejenigen, die sich der Autorität unterordnen, auch Ansprüche an sie. Sie erwarten Obhut und Förderung, sie erwarten, daß die Autorität die Dinge in die Hand nimmt und Orientierung gibt. Sie erwarten auch Entscheidungen und Urteile – d. h. Bewertungen.

Wenn Sie Autorität beanspruchen, müssen Sie dies in Ihrer Selbstdarstellung zum Ausdruck bringen. Vor allem gehört dazu, sich als frei und unabhängig darzustellen. Denn nicht Sie als Autorität bedürfen der Anerkennung durch andere, nein, es sind die anderen, die von Ihnen abhängig sind – Sie selbst sind frei, nur Ihren Standards und Werten verpflichtet.

Innerhalb von Organisationen hat die Autorität einzelner Personen unterschiedliche Grundlagen. Die Sachautorität bezieht sich auf die Kompetenzen einer Person. Jemand hat Sachautorität, wenn andere ihm oder ihr ein überlegenes Fachwissen zuschreiben.

Die Amtsautorität ist die »Autorität eines Amtes, nicht einer Person. Jemand hat Amtsautorität, weil er das Amt hat, und er hat sie nur, solange er das Amt hat«.[4]

Mitarbeiter hoffen, daß Amtsautorität und Sachautorität zusammenfallen, daß also der Amtsinhaber auch in der Sache überlegen sein möge. Diese Hoffnung erfüllt sich nicht immer.

Auch ohne Amt können Sie in vielen Gesprächen des Berufsalltags aufgrund Ihrer besonderen Kompetenz Sachautorität beanspruchen. Sie müssen dies aber auch tun.

Frau Schlüters Geschichte

Frau Schlüter ist selbständige Supervisorin und Trainerin. Sie hat Fachaufgaben: nämlich Supervision und Training ihren fachlichen Standards entsprechend durchzuführen. Außerdem hat sie unternehmerische Aufgaben. Zu diesen gehört es, neue Kunden zu gewinnen, sich bei Vorgesprächen gut darzustellen und über ein angemessenes Honorar zu verhandeln. In bestimmten Situationen kollidieren diese beiden Arten von Aufgaben, und dann wird es schwierig.

Solch eine Situation ist das Vorgespräch. In diesem bespricht Frau Schlüter mit ihren potentiellen Kunden, worum es bei der Beratung geht, welches Ziel die Auftraggeberin im Sinn hat, und verhandelt die Rahmenbedingungen ihrer Tätigkeit. Am Ende dieses Vorgesprächs sollte klar sein, ob man zusammenarbeiten möchte, in welcher Angelegenheit und zu welchen Bedingungen.

Frau Schlüter ist eine erfahrene Supervisorin, dennoch gerät sie in diesen Vorgesprächen häufig ins Schlingern.

Sie erzählt von einer Besprechung in der vergangenen Woche. Der Chef einer kleinen Non-Profit-Einrichtung möchte seinen acht Angestellten eine Fortbildung anbieten. Nun sucht er dafür eine passende Trainerin. Er hat sich an Frau Schlüter gewandt, weil sie in der Einrichtung einmal eine Einzelsupervision durchgeführt hat.

Der Kunde erzählt, er würde gern für die Mitarbeiter ein Kooperationstraining einkaufen. Er bittet Frau Schlüter, ihm darzulegen, wie sie so ein Training aufbauen würde. Sie ist an diesem Auftrag sehr interessiert und schildert daher gern ihre bisherigen Erfahrungen und ihre Gedanken zu dem geplanten Training. Am Ende vereinbaren die beiden, daß sie ein schriftliches Angebot unterbreiten wird.

Frau Schlüter glaubt, sie wird den Auftrag wohl bekommen, aber es ist ihr sehr unbehaglich zumute. Irgendwann während des Gesprächs hat sie die Vorstellung entwickelt, ein Kooperationstraining für die Mitarbeiter sei möglicherweise nicht die richtige Maßnahme, um die Probleme der Einrichtung in den Griff zu bekommen. Zumindest sollte der Chef an dem Training teilnehmen, denn er sei Teil des Problems. Das aber mochte sie ihm im Vorgespräch nicht sagen.

In ihren Augen handelte es sich ja um ein Verkaufsgespräch; als Verkäuferin fühlte sie sich abhängig und wollte möglichst gut dastehen. Um das Problem anzusprechen, hätte sie das Gespräch umdefinieren müssen, nämlich als fachliche Beratung für den Chef. Dazu hätte sie sich als Sachautorität zeigen und dem Chef eine unterlegene Rolle zuweisen müssen. Das hat sie sich nicht zugetraut.

Die Situation läßt ihr keine Ruhe. Nach einigen Tagen entschließt sie sich, den Chef anzurufen und ihm ihre Einschätzung mitzuteilen. Ganz gegen ihre Erwartung zeigt der sich sehr interessiert und nimmt ihren Ratschlag gerne an.

Sachautorität in Anspruch nehmen

Wenn Sie fachlich/sachlich überlegen sind, sollten Sie Ihr überlegenes Wissen nicht nur da und dort in die Situation einfließen lassen, sondern sich als Sachautorität etablieren. Wie könnten Sie dies tun?

Zunächst ist wichtig, daß Sie tatsächlich mehr von der Sache verstehen als die anderen Beteiligten. Sachautorität bleibt stets ein wenig wackelig, weil sie sich immer wieder neu bewähren muß. Was Sie wirklich können und wissen, zeigt sich nur in der konkreten Situation, in der Probleme mit Ihrer Hilfe gelöst werden – oder nicht.

In der Regel ist es nicht mangelnde Sachkompetenz, die Frauen daran hindert, sich als Sachautorität zu etablieren. Schwierig ist eher, diese zu zeigen und einen entsprechenden Platz in Anspruch zu nehmen. Sie haben Ihren Anspruch durchgesetzt und Ihren Platz als Sachautorität erfolgreich eingenommen, wenn andere Ihnen Überlegenheit zuerkennen und sich selbst Ihnen gegenüber in der Sachkompetenz als unterlegen sehen.

Frauen haben Beziehungen von Über- und Unterordnung oft nicht gern, vor allem dann nicht, wenn sie in der Position der Überlegenen sind. Überlegenheit in der Sache würden sie gern geheimhalten.

Wenn Sie sich jedoch entschließen und auch Erfolg haben, sichert Ihnen das einigen Einfluß. Sie haben einen größeren Spielraum als andere, zu bestimmen, was überhaupt das Problem ist. Andere werden sich Ihren Sachinterpretationen und Erklärungen unterwerfen. Sie können das Problem so definieren, daß ein möglicher Mißerfolg Ihnen nicht angelastet, ein Erfolg Ihnen jedoch sicherlich gutgeschrieben wird.

Wenn Sie Anspruch auf Sachautorität erheben wollen, gehört es dazu, sich selbst als solche Autorität zu inszenieren. Sofsky und Paris unterscheiden zwei grundsätzlich unterschiedliche Strategien (vgl. auch S. 133): die eine besteht darin, das eigene Fachwissen so hervorzukehren, daß dem anderen sein Nichtwissen deutlich vor Augen steht.

Bei Anwendung der zweiten Strategie lassen Sie zwar Ihre Überlegenheit spüren, aber Sie signalisieren auch, daß Sie die Kompetenzen der anderen sehr wohl sehen und zu schätzen wissen. Sie können also den Kompetenzunterschied betonen oder abschwächend darauf hinweisen, daß Ihre Kompetenz sich natürlich nur auf bestimmte Gebiete bezieht.

Die zweite Variante hält die Distanz geringer; sie wird weniger widerwillig Respekt hervorrufen – aber sie ist auch gefährdeter.

Die Inszenierung im engeren Sinne besteht nicht drin, daß Sie prahlen – denn eine Autorität muß sich nicht durch einen Bericht über ihre Qualitäten legitimieren, im Gegenteil, ein solcher Bericht ist der Anerkennung eher abträglich. Wer die eigene Glaubwürdigkeit betont, beschädigt sie eher. Sie inszenieren sich daher als Autorität durch Handeln in der Situation: Das Geschehen in die Hand nehmen, das Problem definieren, das Ziel errichten, Richtung weisen, Orientierung geben, Perspektiven eröffnen.

Wenn Sie sich als Sachautorität etablieren möchten, ist es gut, zu wissen, was in Ihrer jeweiligen Umgebung als Zeichen für Autorität gilt.

Eine Fachgesellschaft hat andere Relevanzkriterien als Ihre betrieblichen Kollegen. Und diese wiederum schauen möglicherweise auf andere Zeichen als z. B. Kunden.

Ich kenne Kollegen, die es virtuos beherrschen, sich in Szene zu setzen. Der Möglichkeit von Autoritätsverlust beugen sie vor, indem sie nur Probleme zulassen, zu deren Lösung sie etwas beitragen können. Sollte das vorgetragene Problem nicht ganz passen, dann schneiden sie es sich zurecht, bis es paßt: sie greifen einen Aspekt des Problems heraus, zu dem sie etwas zu sagen haben. Diesen erklären sie zum Kernkonflikt, diskutieren, bearbeiten und lösen ihn. Ihre Position ist gestärkt.

2 Sich zeigen

Über Selbstdarstellung

In Berichten, Reportagen und Untersuchungen wird ein Unterschied im Verhalten von Männern und Frauen immer wieder erwähnt: die Lust, die eigenen Stärken, Verdienste und Ruhmestaten hervorzuheben und zu zeigen. Männer brüsten sich gern mit ihren Leistungen, sie tun es bei vielen Gelegenheiten, sie tun es mal subtil, häufiger ziemlich platt. Aber das stört sie nicht. Sie genießen das Rampenlicht, und sie erfreuen sich ganz offensichtlich an sich selbst.

Frauen zeigen sich ungern in dieser Weise, und es gefällt ihnen nicht, wenn Männer dies tun.

Dummerweise gehört das Hervorheben der eigenen Stärken zum Spiel. Dessen Regeln mögen Ihnen mißfallen. Zur Zeit wird es aber so gespielt, und Sie haben weder die Macht noch die einflußreichen Bundesgenossen, um die Regeln zu verändern. Sie können sich natürlich enthalten, aber dafür zahlen Sie einen Preis. Wieder einmal müssen Sie abwägen zwischen dem Wunsch, an Einfluß zu gewinnen, und der Abneigung gegen ein Hilfsmittel dazu.

Natürlich bergen Selbstdarstellung und verwandte Tätigkeiten ganz reale Gefahren. Wenn Sie nicht verschweigen, wieviel brillanter Sie sind als Ihr Kollege (oder, noch schlimmer, als Ihr Chef!), dann kränkt das die betreffenden Herren. Die Vorstellung, Sie könnten recht haben, stört ihre Selbsteinschätzung. Die Störung muß behoben werden, zum Beispiel dadurch, daß Sie bei passender Gelegenheit gedemütigt oder bloßgestellt – jedenfalls auf unangenehme Weise verkleinert – werden.

Die andere Gefahr kommt von innen heraus: Ein Grund für Frauen, sich mit ihrer fachlichen Kompetenz, mit ihren Machtansprüchen, mit ihren beruflichen Erfolgen nicht zu zeigen, liegt in der Schwierigkeit, unser anerzogenes Frauenbild und unser Selbstwertgefühl im Berufsalltag zur Deckung zu bringen. Wenn Sie sich in der beschriebenen, aufdringlich wirkenden Weise zeigen, verstoßen Sie gegen gesellschaftliche (und eigene) Regeln und fühlen sich schlecht.

Abbildung 3: Wo steckt der Chef?

Abbildung 4: Wo steckt der Chef?

Falls Sie Bedenken bekommen: Sie können gar nicht verhindern, sich zu zeigen. Menschen, die Ihnen begegnen, sortieren Sie ein, um sich zu orientieren. Denn erst, wenn sie Sie eingeordnet haben, wissen sie sich zu verhalten.

Mann oder Frau, Inländer oder Ausländer, attraktiv oder altbacken, gleichrangig oder unterlegen – auch wenn Sie sich nicht zeigen, stellen Sie sich dar, als Konkurrentin, als eine Frau, die sich herumschicken läßt, als eine Person, der man das Wort abschneiden darf oder nicht, deren Ideen man ungestraft für sich reklamieren kann oder nicht. Sie tun dies ebenfalls mit anderen. Auch eine Person, die Sie übersehen, ordnen Sie ein, nämlich als unwichtig.

Die Selbstdarstellung hat viele Kanäle, um Information zu übermitteln, und die Empfänger verstehen viele Arten von Botschaften. Nur ein Teil des Gesendeten und auch des Empfangenen ist uns bewußt. Besonders wenig bewußt sind uns z. B. Haltungen und Bewegungen, mit denen wir einem Gegenüber signalisieren, wie wir uns zu ihm in Beziehung setzen.[1] »Angemessene« Haltung gegenüber Männern und Frauen lernen wir, während wir aufwachsen. Wie breit der Korridor des angemessenen Verhaltens ist, sagt uns das jeweils gültige Frauenbild.

Auf Seite 157 zwei Suchbilder zu der Frage: Wo steckt der Chef?:

Bild 3: Hotelchefin und ihr Stellvertreter, *Uckermark Kurier*, 25.5.01

Bild 4: Berlusconi mit 2 Ministerinnen, *SZ* 12.6.2001

Da sich ein Sichzeigen nicht umgehen läßt, könnten Sie diese Tatsache nutzen, um sich so zu präsentieren, wie Sie gesehen werden möchten. Das mag Widerspruch hervorrufen. Es ist aber einfacher, als ein einmal entstandenes Bild zu verändern.

Selbstdarstellung ist ein besonders zukunftsträchtiges Versuchsfeld, denn was wir einmal gelernt haben, können wir auch wieder verlernen. Schmücken Sie sich also probeweise mit Symbolen, die Bedeutung und Einfluß signalisieren, und geben Sie sich durch die Geschichten, die Sie über sich erzählen, versuchsweise einmal eine andere Identität.

Immer wenn Ihnen Ihr Verhalten etwas unpassend vorkommt, sind Sie gerade an die Grenzen Ihres persönlichen

Frauenbildes gestoßen. Wenn Sie sich häufiger (ein bißchen) ungehörig verhalten, gewöhnen Sie sich daran. Langsam weiten sich Ihre Grenzen und Sie gewinnen an Freiheit. »Verkraftbare Schritte« pflegte eine Kollegin zu sagen.

Sich selbst erzählen

Ein Ausflug in die akademische Welt

Wer wir sind, ist kein einmal erreichter und dann unveränderter Zustand, sondern ein Prozeß, an dem wir mitwirken können und müssen.

Es ist noch gar nicht so lange her, da gab es für Männer und Frauen nur einige wenige biographische »Modelle«. Die Gesellschaft schrieb weitgehend vor, wie das einzelne Leben zu verlaufen hatte. Eine Frau, die etwa um die Zeit geboren wurde, in der die »Buddenbrooks« spielen, d. h. in der 2. Hälfte des 19. Jahrhunderts, konnte kaum eine für den Verlauf ihres Lebens wichtige Entscheidung selbst treffen. Sie wurde in ganz bestimmte soziale Verhältnisse hineingeboren und wurde erzogen, um ihre Rolle als Ehefrau und Mutter auszufüllen. Ein Studium war nicht möglich, auch keine politische Betätigung. Die Ehe wurde arrangiert; im günstigen Falle wurde die junge Frau vorher angehört. Kinder wurden geboren, oft in großer Zahl, sie wuchsen heran, und die Frau lebte für ihre Familie, ging auf in ihrer Versorgung und der Anteilnahme an den Geschicken anderer. Das war die Standardbiographie unzähliger Frauen. Die gesellschaftlichen Vorgaben nahmen die Freiheit und gaben Schutz und Sicherheit. Die Frage: »Wer bin ich?« war nicht schwer zu beantworten; die Frage: »Wer will ich sein?« stellte sich meist nicht. Wer sich gegen die zur Verfügung stehenden Biographien auflehnte, hatte es schwer (und lieferte Material für Romane wie »Effi Briest« oder »Madame Bovary«).

Heute existieren weiterhin gesellschaftliche Vorgaben. Aber es sind andere und vielfältigere. Vorgegeben ist uns die Möglichkeit und die Notwendigkeit zu entscheiden. Jede einzelne steht vor der Aufgabe, ihre Biographie Schritt für Schritt zu gestalten. An jeder Ecke gibt es neue Optionen. Unsere Welt ist weit geworden, und wenn wir uns in ihr bewegen, treffen wir auf fremde Menschen. Immer wieder neu setzen wir uns in Beziehung und definieren uns selbst gegenüber anderen. Wir können das tun, weil wir der Enge des Dorfes mit seinen lebenslangen Gemeinschaften entronnen sind. Und wir müssen es auch tun, weil die Wahlmöglichkeiten uns Entscheidungen abverlangen.

Es gibt inzwischen ein Forschungsfeld, die Narratistik, das sich mit der Frage befaßt, wie wir uns durch Erzählen immer wieder selbst neu erfinden.[2]

Wir stehen vor der Aufgabe, unsere Biographie in einen inneren Zusammenhang zu bringen, da gesellschaftliche Instanzen das nicht mehr für uns tun. Wir müssen etwas dafür tun, um die unterschiedlichen Felder, auf denen wir uns tummeln, in einen inneren Zusammenhang zu bringen (All dies bin ich!). Außerdem stehen wir vor der Aufgabe, unser Leben trotz vieler Schlenker und Rösselsprünge in unseren und den Augen anderer kontinuierlich erscheinen zu lassen.

Dies schaffen wir, so sagt die Forschung, u. a. durch die Art, wie wir uns selbst erzählen, durch die Geschichten, die wir auswählen, um zu illustrieren, wer wir sind. Diese Aufgabe schafft neue Möglichkeiten.

Die Narrative Identitätsforschung regt die Experimentierlust an, weil sie den Blick darauf lenkt, wie wir uns selbst erzählen. Welche Geschichten wählen Sie aus – oder haben Sie parat –, um andere wissen zu lassen, wer Sie sind? Erzählen Sie immer dasselbe oder variieren Sie? Wenn ja, wonach entscheiden Sie – nach Tagesform, nach Gegenüber, nach Anlaß? Spiegeln Ihre Geschichten die Person wider, als die Sie gern gesehen würden? Haben Sie schon mal überlegt, etwas ganz anderes zu erzählen?

Die Postmoderne auf dem Dorf, ein Beispiel

Seit etlichen Jahren lebe ich in einem kleinen Dorf im nördlichen Brandenburg. Die Wende und der Zuzug von Westberlinern haben dort Einheimischen und Zugezogenen die Chance geboten, sich neue Identitäten zuzulegen – eine Möglichkeit, die in der Enge und Verflochtenheit der Dorfgemeinschaft vorher nicht bestand.

Wir kennen unsere Mitbewohner so, wie sie sich uns gegenüber zeigen und darstellen – wie sie sich erzählen. Sie wählen aus, wer sie in unseren westlichen Augen sein wollen durch Geschichten aus Gegenwart und Vergangenheit, durch Selbstauskünfte und durch Weglassen von Ereignissen. Auf diese Weise haben wir eine ganze Reihe Dorfbewohner kennen und schätzen gelernt. Unsere alte Nachbarin, die ihr ganzes Leben hier verbracht hat, gerät darüber in Aufregung und Verzweiflung. Denn eigentlich, so sagt sie, seien manche Leute ganz anders. Sie zeigten nicht ihr wirkliches Selbst. Was aber ist ihr »wirkliches Selbst«?

Für die Nachbarin sind und bleiben die Dorfbewohner beladen mit einer Fülle alter Geschichten und Begebenheiten, die in ihren Augen die wirklichen sind, also ihre wahre Identität ausmachen. Mir erzählen sie andere Geschichten, daher sind sie für mich auch andere Menschen.

Nicht nur die Personen selbst präsentieren uns ihre Identitätsentwürfe, sondern diese werden ergänzt – gestärkt, geschwächt – durch die Geschichten anderer. Als ich im Rahmen eines Geschichtsprojektes[3] eine ganze Reihe alter Leute befragte, gerieten Selbstentwurf und Fremddarstellung manchmal in einen heftigen Widerspruch. In den meisten Fällen stehen in meinem Erleben heute mehrere Bilder nebeneinander: Das Ich, das die Betroffenen mir durch ihre eigenen Erzählungen anbieten – und andere Bilder, die aus den Berichten Dritter stammen und die sich nicht zusammenfügen wollen mit der Selbstdarstellung. Und wenn ich dem Menschen begegne, werden die unterschiedlichen Darstellungen wach, und ich frage mich: Ist er nun der oder jener oder noch ein dritter? Er ist wohl alle drei und noch mehr – je nachdem, wem er begegnet.

Umgekehrt mußte/durfte auch ich mich neu erfinden. Denn meine alten Geschichten funktionierten nicht. Die brandenburgischen Dorfbewohner konnten mit ihnen nichts anfangen – sie wußten sie nicht zu deuten. Daher konnten sie die ihnen angebotene Identität nicht in ihr Bewertungs- und Ordnungssystem einsortieren. Ich mußte mich also neu erfinden, denn irgendjemand wollte ich ja sein.

Wie erzählen Sie sich selbst?

Wenn einander fremde Menschen zusammenkommen, erzählen sie sich Geschichten, mit Hilfe derer sie den anderen bekanntgeben, wer sie sind. Viele dieser Geschichten sind wohlerprobt und vielfach benutzt. Mit ihrer Hilfe stellen die Menschen immer wieder die Kontinuität ihrer Biographie her. Sie sichern den Zusammenhang ihrer vielfältigen Lebensbereiche und Rollen. Langjährige Partner und Kollegen stöhnen.

Dieses Erzählen ist bedeutsam und wird immer wichtiger, und die Ansprüche an die Geschichten steigen. Je häufiger die Kollegen wechseln, je internationaler die Kontakte werden, je mehr sich die Organisationen über enge Grenzen hinaus ausbreiten, desto höher werden die Anforderungen, immer wieder neu die Frage zu beantworten: »Und wer sind Sie?« Alterprobte Muster und ein für allemal definierte Antworten sind immer untauglicher, die Vielfalt zu bewältigen. Denn die Menschen, denen Sie erzählen, sind immer wieder andere, und sie müssen Ihren Geschichten zustimmen. Diese Entwicklung stellt die Vorstellung eines festen, verläßlichen Selbst immer mehr infrage und rückt die immer neue, auf das jeweilige Gegenüber bezogene Erfindung der eigenen Person in den Vordergrund.

Ein Beispiel:

Wenn eine Gruppe neu zusammentritt, sind alle Beteiligten etwas angespannt, manche mehr, manche weniger. Der Grund liegt darin, daß in dieser scheinbar unbedeutenden Anfangssituation einige existentielle Fragen neu zu klären sind. Eine davon ist die Frage: Wer bin ich in dieser Gruppe? Werde ich die sein können, die ich sein möchte? Werde ich den Platz bekommen, den ich beanspruche? Die Anwort wird zwischen den Beteiligten ausgehandelt.

Diese Situation ist zunächst offen. Sie erlaubt es, sich anders zu zeigen, anderes von sich zu erzählen als in der letzten Gruppe und anders auf das einzugehen, was Ihnen erzählt wird. Sie erlaubt es, zu experimentieren.

Achten Sie doch einmal bei Ihrer nächsten neuen Gruppe darauf, welche Geschichten Sie von sich erzählen. Gefällt Ihnen eigentlich, was Sie da entdecken? Passen die Geschichten zu Ihren Ansprüchen? Als was für eine Frau möchten Sie sich zeigen? Mit welchen Geschichten könnten Sie diese Identität ausstaffieren?

Und wie bewerkstelligen das andere? Studieren Sie die Konkurrenz!

Viele Männer, denen es immer wieder rasch gelingt, auch in neuen Gruppenzusammensetzungen erfolgreich einen hohen Status für sich zu sichern, zeichnen sich durch besondere Erzählkunst aus. Es scheint, als hätten sie einen inneren Scanner, der alles, was sie erleben und erfahren, unter der Fragestellung prüft, ob und wie es sich bei der nächsten Selbstdarstellung verwerten ließe. Informationen, Begegnungen, Kontakte, Ereignisse werden in die Darstellung der eigenen Person eingebaut, als hätten sie immer dazugehört. Dies geschieht durchaus selektiv. So werden aktuelle Themen besetzt, neue Trends zu alten Hobbies erklärt, und wichtige Persönlichkeiten werden so erwähnt, daß sie zum eigenen Netzwerk gehören könnten.

Diese stets von neuem einflußreichen Männer entwerfen sich selbst, ihre jetzige und ihre zukünftige Identität auf eine Weise, die sie für andere attraktiv macht, ihnen Bewunderung und Einfluß sichert.

Wenn Sie Versuche anstellen und andere beim Erzählen beobachten, merken Sie rasch: Ihre Erzählungen bedürfen der Unterstützung durch Ihre Gesprächspartner. Diese müssen Inhalt und Form der Geschichte akzeptieren, so wie Sie den Selbstdarstellungen anderer zustimmen müssen. Dabei gelten offenbar für Männer und Frauen unterschiedliche Regeln, über die wir noch wenig wissen.

Experimentieren Sie!

Susanne Frömel hat das getan, hier eines ihrer Resultate:

Boxen.

In dieser Woche tut Susanne Frömel Männern weh.

SZ 20.11.01

Ich halte nicht viel von körperlicher Gewalt im täglichen Leben, aber seit ich Jean-Claude van Damme auf zwei Küchenstühlen Spagat machen und mit diesem unvergleichlichen Blick in den Augen seine Feinde umhauen sah, verspüre ich eine gewisse Affinität zum Kampfsport. Diese trieb mich soweit, daß ich einem Boxclub beitrat, wohl wissend, daß ich physischem Schmerz in den meisten Situtionen nicht sehr aufgeschlossen gegenüber stehe. Ich bin auch nicht besonders schnell, aber eine mit zwei älteren Brüdern verbrachte Kindheit hat dafür gesorgt, daß ich schnell und effektvoll zusammenschnappen kann, wie eine Muschel. Beim Boxen freilich ist das unangebracht. Schläge auf den Bauch quittiert man mit einem knappen Zischlaut, den Rest steckt man wortlos ein. So habe ich es gelernt.

Mein Gegner an diesem Abend war ein kleiner, schmächtiger Mann, der mir gerade bis zur Brust reichte. Ich dachte an ein T-Shirt des Trainers, das er gelegentlich trug. Darauf war ein schöner Schriftzug zu lesen: Das Elend hat viele Gesichter. Wie gefällt Ihnen meines? Der kleine Mann war offensichtlich neu, er stellte sich vor und reihte eine imposante Zahl von Vereinen aneinander, in denen er Mitglied gewesen sein wollte. Er hatte dünne, mit dicken blauen Adern durchwachsene Beine, die in ausgetretenen Boxstiefeln steckten. Plötzlich begann er, vor mir auf und ab zu tänzeln und dabei locker die Arme zu schwingen. Er hieb ein paar Gerade in die Luft, bevor er innehielt,und sagte: »Keine Angst. Ich schlage Frauen nicht.« Ich nickte ihm zu und knüpfte meine Handschuhe fester.

Es war nicht meine Schuld, daß der kleine Mann auf seinen Kopfschutz verzichten wollte. Im Tänzeln rief er: »Ach, wir spielen doch nur so rum. Ich will ihr ja nicht weh tun«, und zwinkerte mir zu. Zuzwinkern ist etwas, was ich auf den Tod nicht ausstehen kann.

Den ersten Leberhaken nahm er mit etwas Verblüffung hin, aber er stand, das muß man anerkennen, wie ein Mann. Allerdings war seine Deckung weit offen, und weil ich plötzlich auch Lust bekommen hatte, mit ihm zu spielen, schickte ich eine linke Gerade auf den Weg. Schweißnasse Haut macht ein platschendes Geräusch, wenn man darauf schlägt, es ist der Rhythmus des Boxkampfes. Ich stellte mir einen Cha-Cha-Cha vor oder besser noch, eine Samba. Er versuchte, sich mit einem Haken zum Kopf zu wehren, aber er traf nicht, einfach, weil er zu klein war. Schläge auf den Solar Plexus kann man übrigens vergessen, wenn man eine Möglichkeit hat, das Kinn des Gegners zu treffen. Das Kinn ist die empfindlichste Stelle, ein exakter Treffer und der Gegner sieht die Welt mit anderen Augen. Die Arme des kleinen Mannes hingen schlaff vor seinem Oberkörper. Ich hatte eine herrliche Flugbahn vor mir.

»Hey«, sagte ich, als ich fertig war. »Sein Blut wischt hier übrigens jeder selber auf.«

Frau Ottos Geschichte

Frau Otto gehört zu den leitenden Führungskräften ihrer Einrichtung, aber nicht zum obersten Führungskreis. Wie viele tüchtige Frauen ist sie eine exzellente Fachkraft und ihren Mitarbeitern eine gute Vorgesetzte.

Nach oben hin hat sie nicht soviel Einfluß, wie sie gern hätte und wie es ihrer Stellung entsprechen würde. Ein Grund dafür liegt in ihrer persönlichen Bescheidenheit.

Frau Otto würde an diesem Zustand gern etwas ändern. Mehr Einfluß nach oben würde sowohl der Sache als auch ihren Mitarbeitern zugute kommen.

Eigentlich mag sie sich mit diesem Thema nicht beschäftigen. Das Taktieren und die Machtspielchen sind ihr zuwider. Sie fühlt sich nur wirklich frei, wenn sie außerhalb ihrer Einrichtung einen Vortrag hält. Das kommt recht häufig vor. Mit einem fachlich interessierten und fachkundigen Publikum ergeben sich interessante Diskussionen, da, so sieht sie es, kann sie Einfluß nehmen, indem sie ihre Position argumentativ vertritt.

Weiß eigentlich jemand in der Einrichtung von diesen Aktivitäten? Wohl kaum, denn diesen Teil ihres Berufslebens erwähnt sie selten, obwohl sie vor hochrangigem und politisch interessantem Publikum spricht. »Soll ich mich etwa hinstellen und sagen: ›Der Bürgermeister von X hat mich eingeladen. Ist das nicht toll?‹ Das mache ich nicht. Da komme ich mir zu blöd vor.«

Wie könnte sie ihre Identität als erfolgreiche Vortragende so sichtbar machen, daß sie sich nicht wegen platter Angeberei schämen muß?

Einer ihrer Kollegen liefert ein interessantes Modell. Er ist auch jemand, der nicht gern dick aufträgt; dennoch wissen die wichtigen Leute im Haus von seinen publizistischen Erfolgen und seinen öffentlichen Auftritten.

Wenn Frau Otto darüber nachdenkt, was für Geschichten der Kollege erzählt, merkt sie: Er hängt seine Geschichten immer an einem Inhalt, d.h. einer Idee, einem Standpunkt, einem Forschungsergebnis auf, der ihn fesselt und mit dem er sich beschäftigt. Den Kontext dieses Inhalts erzählt er mit und integriert so die statusträchtigen Elemente auf eine etwas subtilere Weise. Das hört sich dann z. B. so an: »Vergangene Woche berichtete der Oberbürgermeister von X mir über ein sehr interessantes Projekt. Im Anschluß an meinen Vortrag kamen wir ins Gespräch und ich erfuhr ...«

Dieses Vorgehen gefällt Frau Otto, und sie will es probieren.

Haben Sie sich schon einmal mit Symbolen beschäftigt?

Carola Meier-Seethaler hat ein sachkundiges und anregendes Buch über Symbole geschrieben. Sie behauptet, daß mächtige und heilige Symbole des Altertums ursprünglich Frauensymbole waren, die dann im Zuge einer komplizierten Entwicklung zu männlichen Symbolen wurden. Sie illustriert diese These mit vielen schönen Abbildungen. Frauen hätten die Symbole ihrer Macht an die Männer verloren und stünden nun vor der Aufgabe, sie zurückzugewinnen.[4] Die Auseinandersetzung darum, ob sie recht hat oder nicht, können wir getrost den Kunsthistorikern und den Altertumsforschern überlassen. Für uns anregend ist die Vorstellung, daß Symbole den Besitzer wechseln können und daß Frauen einst Zeichen, die Macht und Einfluß symbolisierten, als durchaus ihnen zugehörig betrachteten. Läßt sich diese Einstellung vielleicht wiedergewinnen?

Symbole sind bewußt inszenierte Gestaltungen, mit Hilfe derer emotionale Inhalte in kollektiv verständlicher Form kommuniziert werden.[5] Sie sind Zeichen für etwas anderes. Der Löwe bezeichnet nicht den Löwen, sondern die Macht des Herrschers. Er ist bewußt ausgewählt und bewußt gestaltet. Er transportiert eine Beziehungsaussage: Euer Herrscher ist mächtig, mächtiger als ihr Untertanen.

Das teilt ihnen der Löwe mit – und sie verstehen ihn. Aber der Löwe informiert nicht nur über die Macht des Herrschers. Er festigt und verstärkt sie auch. Wenn der König sich zeigt, ausgestattet mit den Insignien seiner Stellung, dann wirkt die emotionale Botschaft auf die Zuschauer. Sie erschauern in Ehrfurcht und Bewunderung. Ihr Verhältnis zu ihrem Herrscher wird bestätigt und zugleich verstärkt.

Symbole, die über Rang und Stellung informieren, funktionieren so bis auf den heutigen Tag. Die Organisationen sind voll davon. Eine wichtige Information zur Einordnung der Person ist ihr Status in der jeweiligen Bezugsgruppe. Wo steht sie in der Hierarchie, wie angesehen und mächtig ist sie. Steht sie über mir, unter mir, sind wir gleich? Welches sind also ihr gegenüber angemessene Verhaltensweisen.

Statussymbole zeigen dies an.

Schade, daß Frauen so wenig davon halten, sich selbst mit solchen Zeichen zu schmücken! Nicht nur das, sie äußern sich eher verächtlich dazu. Sie spotten im geheimen oder auch laut über Kollegen, die sich in ihren Augen allzu eifrig mit solchen Symbolen ausstatten. Sie zeigen sich großzügig am falschen Platz und verzichten auf Vorteile, die ihnen zustehen und die Symbolcharakter besitzen. Die Wissenschaftlerin verzichtet darauf, daß ihr Name mit dem der Kollegen auf dem gemeinsam verfaßten Text erscheint. Wichtig seien doch die Inhalte.

Die gefeierte Mitarbeiterin lehnt den für sie reservierten Ehrenplatz an der Spitze der Tafel ab und mischt sich unter die Menge.

Warum nur? Es hat sich doch inzwischen schon herumgesprochen, daß dieser Verzicht in der Arbeitswelt nicht honoriert wird.

Vielleicht befürchten sie, abgestraft zu werden. Für Frauen bleibt Sichtbarkeit ambivalent. Status nicht nur zu beanspruchen und zu erobern, sondern auch noch zu zeigen, bleibt gefährlich. Unter Psychologen wurden vor einer Reihe von Jahren Untersuchungsergebnisse heftig diskutiert, die darauf hinzuweisen schienen, daß Frauen Angst vor Erfolg haben. Nachfolgende Arbeiten ergaben, daß es nicht so sehr der Erfolg war, den die Frauen fürchteten, sondern die Folgen des Erfolgs. Sie wurden nämlich dafür von Männern bestraft. Ähnlich wäre es möglich, daß Frauen nicht die Statussymbole scheuen, sondern die Sanktionen, denen sie ausgesetzt sind, wenn sie sie zeigen.

Dabei ist die Abneigung der Frauen gegen Bedeutung signalisierende Zeichen so wenig förderlich! Denn zurückhaltende Selbstdarstellung symbolisiert in unserer Welt nicht Überlegenheit und Souveränität, sondern wer sich im Hintergrund hält, gilt als unfähig oder dumm.

Und so ärgerlich Sie es finden mögen: Diese Zeichen wirken. Das können Sie am besten an sich selbst feststellen. Eine gute Ausstattung mit Insignien des Bedeutend-Sein gibt auch dem Hochstapler eine Chance. Denn, wie gesagt, Symbole der Macht und des Ansehens signalisieren nicht nur den Status – sie schaffen ihn auch.

Zum nützlichen Dienstwissen gehört daher die Erforschung der Statussymbole Ihres Betriebes. Da gibt es die gängigen wie Raumgröße und -ausstattung, Dienstwägen und Dienstreisen, Abendeinladungen, Bonuszuteilungen. Außerdem hat jede Behörde, jede Einrichtung und jedes Unternehmen eigene Formen, verdiente Mitarbeiter aus der Masse herauszuheben.

Machen Sie einen Selbstversuch, wenn es sich so ergibt: Verzichten Sie nicht, greifen Sie zu und schmücken Sie sich. Selbst wenn Sie erst einmal spöttische Bemerkungen ernten – die anderen gewöhnen sich rasch und können sich außerdem der Wirkung nicht entziehen. Voraussetzung dafür ist allerdings, daß Sie die Symbole nicht ständig in ihrer Bedeutung herunterspielen. Wenn Sie ein komfortableres Arbeitszimmer angeboten bekommen – nehmen Sie es an, und reagieren Sie auf bewundernde Kommentare **nicht** mit der Bemerkung, das Licht sei hier aber viel schlechter oder die Straßengeräusche seien lauter.

Wenn Sie eingeladen werden, Mitglied in einer Fachkommission zu werden, nehmen Sie an. Kommentieren Sie diese Ehre **nicht** mit der Erklärung, Sie seien gegen Ihren Willen vorgeschlagen worden und diese Art Tätigkeit läge Ihnen gar nicht. Denken Sie sich eine andere Antwort aus!

Je weiter Sie in Ihrem Experiment mit Statussymbolen fortfahren, desto deutlicher werden Sie bemerken, daß diese Zeichen ihre Wirkung auch auf Sie selbst nicht verfehlen. Sie werden sich nach und nach weniger unbehaglich fühlen, weniger verkleidet. Sie werden sich daran gewöhnen – und nicht nur das. Früher oder später werden Sie die Aussage, die diese Symbole über Sie machen, in Ihr Selbstbild integrieren. Ihr Status ist Ihnen nicht mehr äußerlich – er ist ein Aspekt Ihrer selbst.

Vorbilder und Rollenmodelle, diesmal im Kino

Wenn Sie sich selbst neu entwerfen wollen, betreten Sie Neuland. Vor dem Antritt einer Reise ins Unbekannte hören wir gern Geschichten von Leuten, die schon da waren und heil zurückgekommen oder unbeschädigt weitergewandert sind. Zu Ihrer Orientierung brauchen Sie Vorbilder – nicht, um sie nachzumachen. Sie finden Ihren eigenen Weg, indem Sie sich vergleichen und sich anregen lassen – aber auch sich abgrenzen. Manchmal denken Sie dann: Das würde ich gern können, so würde ich gern sein – Sie identifizieren sich. Oder Sie finden: So bestimmt nicht – unmöglich! Das heißt, Sie grenzen sich ab. Sowohl durch Identifikation als auch durch Abgrenzung klären sich Schritt für Schritt Ihre eigenen Möglichkeiten.

Modelle und Vorbilder für das Experiment können Sie unter Heiligen oder Politikerinnen suchen, unter Forscherinnen oder Sängerinnen. Ich bin ins Kino gegangen. Die Liste ist amerikalastig und natürlich unvollständig, zur Anregung und zur Fortschreibung gedacht.

Die Farbe Lila.
In diesem Film wird die Heldin von ihrem Mann gequält und gedemütigt. Immer wenn sie, von Verzweiflung überwältigt, damit droht, ihn zu verlassen, fragt er sie: »Wo willst du denn hin?« in der Gewißheit, daß es auf diese Frage für sie keine Antwort gibt. Sie bleibt – fast bis zum Schluß. Zur Erinnerung an Generationen von Frauen, für die es keinen Ausweg gab – und zur Erinnerung daran, wie sehr unsere Wahlmöglichkeiten sich erweitert haben.

Alles wird gut!
Ein leichtfüßiger Film über eine Frau, die Grenzüberschreitun-

gen übt und sich schließlich selbst neu entwirft. Das Tempo des Films, die Vitalität und die Frechheit seiner Hauptdarstellerin lassen einen die Gefahr von Grenzübertritten fast vergessen. Plötzlich erscheint der Verstoß gegen die Regeln und das Entwerfen neuer Lebensmöglichkeiten wie ein Spiel, das jeder gelingen kann.

Erwin Brockowich.
Julia Roberts als arbeitslose, alleinstehende Mutter von drei Kindern gerät in die Untersuchung eines Umweltskandals. Scharfzüngig und schlagfertig konfrontiert sie andere mit ihren Frauenklischees indem sie ihnen vorführt, daß Frauen sexy sein können, ohne dumm zu sein. Ihre Frechheiten bei Anmache – und auch ohne! – sind manchmal platt. Häufiger aber konfrontiert sie die Herren knallhart mit ihren Klischees und zeigt gleichzeitig deren Absurdität auf. Vor allem aber wünschen sich die Zuschauerinnen, diese Sprüche wären ihnen eingefallen (und sie hätten sich dann auch noch getraut, sie auszusprechen!).

Mit den Waffen der Frau.
Schon lange wartet die kluge Sekretärin auf eine Chance, sich als gute Finanzberaterin zu beweisen. Als ihre Chefin sich das Bein bricht, übernimmt sie deren Schreibtisch, deren Kunden und schließlich auch noch deren Freund. Nach allerlei Wirrungen und Aufregungen gelingt es der Heldin tatsächlich, den großen Coup zu landen.

Nicht gerade ein Film über Solidarität unter Frauen, aber ein unterhaltsamer Film über eine Frau, die sich auf männlichem Terrain tüchtig und weiblich ihren Weg zu bahnen versteht.

Wo ist Mr. Cutty?
Die Welt der Finanzberater gilt offenbar als ganz besonders männlich und wird daher gern gewählt, um neue Frauengestalten zu entwerfen. Whoopi Goldberg, das Finanzgenie, findet als Frau keine Kunden. Erst als sie sich einen männlichen Chef ausdenkt, wendet sich das Blatt. Nun hat sie zwar Kunden, muß aber ständig Mr. Cutty's Abwesenheit begründen – kein Wunder, daß es zu Verwicklungen kommt!

Ausbildung Teil 8

echsel

Wenn etwas nicht stimmt – ändere es.

Doch Verkaufsevents in Läden oder Galerien oder Museen??

Grüne Tomaten
Idgie macht schon als kleines Mädchen, was sie will, und sie bleibt dabei. Der eigensinnige Weg, den sie beschlossen hat, zu gehen, beschert ihr in dem konservativen Flecken, in dem sie zuhause ist, nicht nur Freunde. Sie zeigt uns, daß wir auf Schmerzen gefaßt sein müssen, wenn wir uns anders entwerfen als der Mainstream. Aber sie ist warmherzig und so stark, daß andere ihr Leben ändern, wenn sie von Idgies Abenteuern hören.

3 Politikfähig werden

Wenn Sie anfangen, darüber nachzudenken, wie Sie kleinere Vorhaben oder größere Projekte in Ihrer Organisation erfolgreich placieren könnten, dann haben Sie zwei Schritte auf dem Weg, politikfähig zu werden, bereits getan. Sie haben sich nämlich entschlossen, das politische Spiel mitzuspielen, anstatt sich unangenehm berührt davon abzuwenden. Sie haben akzeptiert, daß nicht nur Sachargumente, sondern auch Kräfteverhältnisse wichtig sind. Und Sie sind bereit, sich diesen zuzuwenden, sie kennenzulernen und sie zu beeinflussen.

Projekte politikfähig machen

Um auf dem Feld der Unternehmensinnenpolitik eine chancenreiche Mitspielerin zu werden, sollten Sie sich zunächst um Ihr Projekt kümmern. Damit Vorhaben diskutiert und verhandelt werden können, brauchen sie ein Ziel und ein Konzept, sie bedürfen der Beschreibung und der sorgfältigen Begründung.

Was haben Sie überhaupt vor, wie hat man sich das vorzustellen? Was spricht dafür? Warum ist Ihr Projekt besser als ein anderes? Wem nutzt es und warum? Wie sieht der Rahmen aus? Können Sie Ihr Vorgehen beschreiben? Was ist hinterher anders als vorher?

Ein Projekt oder ein Vorhaben politikfähig machen heißt, es so zu konturieren, daß es verhandelbar wird. Andere müssen sich etwas darunter vorstellen können – und zwar möglichst das, was Sie auch meinen. Erst wenn Ihr Vorhaben eine Gestalt hat, können Ihre potentiellen Unterstützer es diskutieren, Für und Wider abwägen und sich dazu positionieren.

Wenn Sie das tun, bedenken Sie, wer die Adressaten sind. Wieviel Sicherheit brauchen die, deren Zustimmung Sie möchten. Wie viele offene Fragen können sie vertragen. Wie sind sie gewohnt, sich zu informieren. Brauchen sie Bilder und Diagramme, oder genügt reiner Text. Lesen sie fortlaufende Texte, oder sollten Sie Ihr Vorhaben stichwortartig darstellen. Es sind schon viele dicke Papiere mit interessanten Inhalten verfaßt worden, die die Empfänger nie zur Kenntnis genommen haben, weil sie keine dicken Papiere lesen.

»Auf den oberen Rängen unserer Firma haben die Leute so viel Information aufzunehmen, daß sie so gut wie keine zusammenhängenden Texte mehr lesen. Alles muß in kurzen Kernaussagen zusammengefaßt sein«, erzählt eine Abteilungsleiterin. »Meine Kollegen sind Ingenieure«, meint eine Unternehmerin, »die brauchen nicht nur was Geschriebenes, sondern auch Bilder.«

Wann ein Vorhaben als politikfähig gilt, wieviel Kontur und wieviel Konkretion es bedarf, unterscheidet sich von Organisation zu Organisation.

Das Ziel ist, denjenigen, um die es geht, eine Basis für ihre Entscheidung zu liefern. Möglichst viel von dem, was sie für eine Entscheidung brauchen, sollen sie von Ihnen bekommen – denn so können Sie mitsteuern. Wenn Sie sich mit der inneren Haltung: »Eine gute Idee spricht für sich selbst« auf das Notwendigste beschränken, werden die Betroffenen das Projekt entweder gleich beiseite legen oder sich die notwendigen Informationen von anderen beschaffen. Und diese füllen ein Vakuum gern so, wie es ihren Interessen und ihrer Sichtweise entspricht.[1]

Schnüren Sie Ihr Vorhaben in ein kleineres oder größeres Päckchen und stellen es dann anderen zur Verfügung. Richten Sie sich innerlich darauf ein, daß diese es aufschnüren, auspacken, auseinandernehmen und es sicher so nicht wieder einpacken, wie Sie es sich gedacht hatten. Stellen Sie sich darauf ein, daß andere manches anders sehen und daß daher Ihr Projekt etliche Veränderungen durchmachen wird, bevor es offiziell wird. Die Balance zwischen Festhalten und Nachgeben ist oft schwierig zu finden und zu halten. Wer sich starr zeigt, verspielt möglicherweise die Chance, mit den wichtigsten Anliegen doch noch zum Zuge zu kommen. Wer gleich nachgibt, gilt als butterweich und erkennt das eigene Vorhaben vielleicht am Ende gar nicht wieder.

Mit langem Atem

Manches geht schnell, aber viele Ideen lassen sich in einer Organisation nur sehr langsam verwirklichen. Ihre Zeit ist noch nicht gekommen oder die allgemeine Aufmerksamkeit wird gerade von anderen Themen absorbiert. Besonders wenn Sie etwas voranbringen wollen, was zur Zeit als nicht so wichtig gehandelt wird, müssen Sie sich auf eine längere Durststrecke gefaßt machen. Wenn Sie außerdem keine statushohen Bundesgenossen gewinnen konnten, sondern möglicherweise ganz allein sind, dann brauchen Sie für Ihr Projekt wahrscheinlich viel Geduld und eine hohe Frustrationstoleranz.

Wer das Mißlingen auf bestimmte Weise zu interpretieren vermag, erhöht Ihre Chance, diesen langen Atem zu entwickeln. Männer sind eher bereit, die Ursachen für ihre Mißerfolge außerhalb ihrer eigenen Person zu suchen, während Frauen dazu neigen, sich selbst die Schuld zu geben, wenn etwas nicht so klappt, wie sie es sich vorgestellt hatten. Sie vermuten dann, sie hätten etwas falsch gemacht oder nicht gut genug. Wenn sie es nur richtig angepackt hätten, dann hätten sie schon im ersten Anlauf Erfolg gehabt. Diese Interpretation führt dazu, daß Frauen an sich zweifeln und rascher den Mut verlieren. Wer meint, am Mißlingen selbst schuld zu sein, dem fällt der lange Atem schwer.

Ebenso macht die Neigung, die Reaktionen anderer persönlich zu nehmen, Frauen zu schaffen. »Persönlich nehmen« heißt, daß Sie Verhaltensweisen und Entscheidungen anderer als eine Beziehungsaussage interpretieren, eine Aussage darüber, wie andere Sie finden. Wenn jemand also ein Vorhaben nicht unterstützen möchte, haben Frauen oft Probleme, diese Entscheidung als unabhängig von ihrer Person zu verstehen. Sie kommen zu der Überzeugung, der Betreffende sei frauenfeindlich eingestellt. Oder sie denken, er mag sie nicht oder hält nichts von ihrer Arbeit, dabei hat die Entscheidung wahrscheinlich gar nichts mit ihnen zu tun. Es könnte doch sein, daß der Betreffende sich über das Projekt Gedanken gemacht und festgestellt hat, es entspricht nicht seinen Interessen.

Aber gerade dann, wenn eine Frau sich sehr mit ihrem Vorhaben identifiziert, ist es besonders schwer, genügend innere Distanz zu halten, um sich nicht durch Desinteresse persönlich getroffen zu fühlen.

Wer es als persönliches Versagen sieht, wenn ein Vorhaben nicht gleich gelingt, und wer sich persönlich gekränkt fühlt durch all die, die nicht mitmachen möchten, braucht natürlich mehr Kraft, um immer wieder einen neuen Anlauf zu nehmen.

Männer haben es da etwas leichter. Sie neigen nicht dazu, das Verhalten anderer auf sich zu beziehen. Sie finden eher zu selten als zu häufig, daß sie vielleicht etwas falsch gemacht haben. Sie sind daher eher selten persönlich gekränkt, sondern ärgern sich höchstens über ihre tumben Mitmenschen. Sie akzeptieren es als ganz normal, daß man vieles sehr oft versuchen muß, um in einer Organisation schließlich Erfolg zu haben.

Einen langen Atem entwickeln heißt nicht, anderen das eigene Projekt wahllos immer wieder aufzutischen, besonders dann nicht, wenn die Kräfteverhältnisse sich gar nicht verändert haben. Das führt nur dazu, daß andere sich entnervt abwenden oder daß Sie selbst mit Ihrem Vorhaben »verbrennen«, wie Frau Wegener es in ihrer Geschichte formuliert.

Es heißt vielmehr, nicht nach den ersten Mißerfolgen alles fallenlassen, sondern immer wieder neu aufzusetzen. Also keine Dauerberieselung, sondern bei passender Gelegenheit neu anschieben, möglicherweise in veränderter Form und mit neu gewonnenen Fürsprechern.

Und einen langen Atem entwickeln heißt, die Reaktion auf Ihre Idee im Kontext der Organisation, der gerade aktuellen Themen, der herrschenden Kräfteverhältnisse und der unterschiedlichen Interessenlagen zu verstehen. Interpretieren Sie das Schicksal Ihres Vorhabens doch als Konsequenz aus den bestehenden Verhältnissen, und Sie werden sehen, daß Sie weniger wichtig sind, als Sie denken.

Sind Sie eine gute Verkäuferin?

Frau Wolters Geschichte

Auf der Jahrestagung eines Berufsverbandes wird die nächste Fachtagung geplant. Wer hat eine Idee oder ein Thema, das geeignet wäre? Frau Wolter, Mitglied des Vorstandes, hat sich seit längerer Zeit mit einem Thema beschäftigt, das sie fasziniert und von dem sie meint, es biete im Rahmen einer Tagung für Verbandsmitglieder und für Gäste wichtige und interessante Aspekte. Sie hält es außerdem für wichtig, daß der Verband sich dieses Themas annimmt. So, wie sie die gesellschaftliche Entwicklung einschätzt, dürfte es in den nächsten Jahren noch an Bedeutung gewinnen. Daher wäre es gut, wenn der Verband sich durch eine Tagung in dieser Frage positioniert.

Außer ihr melden sich noch zwei Verbandsmitglieder mit Vorschlägen.

Nun sollen alle drei den versammelten Mitgliedern ihre Idee genauer beschreiben, denn diese brauchen eine Diskussionsgrundlage.

Frau Wolter ist nicht vorbereitet. Es ist ihr zwar anzumerken, wie sehr sie das Thema begeistert und wie tief sie darin steckt. Aber der Funke will nicht recht überspringen. Die Zuhörer können nicht nachvollziehen, was sie so fasziniert und warum das Thema für eine Tagung geeignet sein könnte. Fragen nach interessanten Aspekten, zentralen Themen und möglichen Zielgruppen kann Frau Wolter so unvorbereitet nicht beantworten. Um die verbandspolitische Bedeutung darzulegen, fehlen ihr die rechten Worte. Die Mitglieder finden keinen Zugang. Sie mühen sich redlich und stellen viele Fragen, bekommen auch Antworten, aber die rechte Begeisterung will sich nicht einstellen.

Das zweite Thema ist rasch von Tisch, denn schon nach ein paar Fragen stellt sich heraus, daß es dem Vorschlagenden nicht recht ernst damit war. Der dritte Kollege dagegen hat sich gut vorbereitet. Er schildert seine Fragestellung, verknüpft sie geschickt mit Arbeitserfahrungen der anderen Mitglieder; er hat ein paar spannende Ideen zur Tagungsgestaltung und macht Vorschläge zu möglichen Referenten. Er begründet, warum das Thema für einige Zielgruppen, die den Verband interessieren, attraktiv sein könnte.

Frau Wolter hört ihm zu und ist unglücklich. Sie merkt genau, was geschieht: Es ist ganz gleich, ob ihres des vielschichtigere, zukunftsweisendere und für den Verband bedeutsamere Thema ist – der andere liegt im Rennen deutlich vorn. Sein Vorschlag hat mehr Kontur. Er stellt ihn präziser dar. Er entfaltet ihn deutlicher. Er wirft Namen in die Debatte, die verlocken, und Gedanken, die anregen. Die Zuhörer beginnen, sich für das Vorhaben zu erwärmen, sie überlegen bereits, was sie selbst zu diesem Thema anzubieten hätten.

Schließlich greift ein Vorstandskollege rettend ein. Er schlägt vor, beide Ideen einer Planungsgruppe zu übergeben. Die wird sie ausloten und zur Entscheidung aufbereiten. Und so geschieht es.

Betrachten Sie doch das Verkaufen als Teil Ihrer Arbeit!

Wer das Kräftefeld in einer Organisation beeinflussen will, sollte nicht auf die Inspiration des Augenblicks vertrauen, sondern sich gut vorbereiten. Eigene Begeisterung ist eine wichtige aber, wie in Frau Wolters Geschichte zu erkennen, keine zureichende Bedingung für Erfolg. Eine weitere, ebenfalls nicht zureichende Bedingung ist inhaltliche Qualität. Ob es darum geht, sich mit einem interessanten Thema gegen andere interessante Themen zu behaupten, ob Sie andere für ein Vorhaben gewinnen oder die Lorbeern zuerkannt haben wollen, die Sie verdienen – in der Regel ist das nur möglich, wenn Sie die jeweiligen Inhalte im weitesten Sinne verkaufen.

Am besten, Sie verändern Ihre Definition fachlicher Arbeit

so, daß Sie den Aspekt der Außendarstellung immer gleich mitbedenken.

Wenn Sie von der Zustimmung und Unterstützung anderer abhängig sind – und das dürfte in Organisationen meist der Fall sein –, dann bedürfen Ihre Inhalte der überlegten Präsentation. Mit dieser Tatsache sollten Sie sich anfreunden. Wenn Sie darauf verzichten, bringen Sie sich um ein wichtiges Mittel der Einflußnahme.

Eine gute Verkaufspräsentation beginnt schon im Vorfeld der offiziellen Zusammenkunft. Frau Wolter hätte im Verlauf der Tagung schon da und dort im informellen Zusammensein von ihren Ideen erzählen können. Ohne daß sie sich exponiert, bekommt sie bereits ein lehrreiches Echo: Sie merkt an der Reaktion anderer, ob sie ihre Vorstellungen verständlich darstellen konnte. Sie erfährt durch Fragen und Einwände, was sie übersehen hat und was sie vielleicht stärker berücksichtigen müßte. Und sie registriert, ob ihre Idee auf Interesse stößt.

Falls Sie die Käufer schlecht kennen, und vor einer Präsentation auch nicht kennenlernen können –, machen Sie sich kundig, nutzen Sie Ihr Netzwerk, Ihren Mentor, Ihren Chef.

Eine gute Verkaufspräsentation ist auf den Käufer zugeschnitten. Sie benutzt seine Sprache. Sie orientiert sich an den Informationsgewohnheiten der Zuhörer. Manche können ohne Folie gar nicht zuhören. Andere finden Visualisierung künstlich. Als gute Verkäuferin ist es Ihr Geschäft, Kommunikation herzustellen, zu sprechen und zu verstehen. Denn jeder Einwand, jede Frage und jedes Nicht-Verstehen erzählt Ihnen etwas über die innere Situation Ihrer Zuhörer und hilft Ihnen, Ihre Präsentation besser an den Bedürfnissen der Zuhörer auszurichten.

Jeder Käufer möchte wissen: Paßt das Produkt zu meinen Bedürfnissen?

Warum sollte ich es kaufen? Entspricht der erhoffte Nutzen dem Preis?

Ein guter Verkäufer wird die Bedürfnisse der Kunden in seiner Darstellung berücksichtigen.

Wenn Sie zu Ihrer Kundschaft sprechen – nutzen Sie Ihre Empathie, versuchen Sie zu erspüren: Folgt mir mein Gegenüber? Mache ich mich verständlich? Wecke ich Interesse? Oft merken wir sehr genau, daß andere skeptisch bleiben, aber wir gehen nicht drauf ein, sondern reden weiter. Daher erfahren wir nicht den Grund für die Skepsis.

Wenn Sie merken, die Zuhörer gehen nicht mit, halten Sie inne, und erkundigen Sie sich nach den Gründen – möglicherweise kommen Sie erst dann wirklich ins Gespräch.

Begeisterung steckt an und reißt mit. Eine glaubwürdige Verkäuferin ist von ihrem Produkt überzeugt und bringt dies auch zum Ausdruck. Verlieren Sie aber dabei nicht Ihre Käufer aus dem Auge, sonst reden Sie möglicherweise voller Enthusiasmus an ihnen vorbei.

Es heißt, Frauen hätten ein scharfes Auge für ihre Mitmenschen. Es heißt, sie seien in der Lage, sich in andere hineinzuversetzen und auf sie einzugehen. Es heißt, Frauen hätten die Fähigkeit, die Atmosphäre eines Gesprächs zu erspüren.

Wenn das so ist, dann dürfte es Ihnen nicht schwerfallen, eine gute Verkäuferin zu werden – vorausgesetzt, Sie finden Ihr Vorhaben attraktiv und wichtig. Andere werden es nicht wichtiger nehmen als Sie selbst.

Vorbehalte auf den Tisch!

Manchmal helfen alle Verkaufskünste nicht. Es geht einfach nicht voran. Sie bekommen kein Ja und kein Nein. Treffen werden verschleppt oder abgesagt. Zugesagte Klärungen werden nicht eingehalten, Diskussionen ziehen sich breiig und ergebnislos hin.

Sie spüren deutlich: Es gibt Vorbehalte, aber diese kommen nicht auf den Tisch. Daher können Sie sie auch nicht besprechen und möglicherweise ausräumen.

Sie geraten in die Klemme: Entweder Sie tun das, was von Ihnen erwartet wird. Sie beschaffen immer neue Daten, neue Begründungen, reichen Expertisen ein, stimmen Ihre Ideen ab mit Hinz und Kunz, ohne daß sich irgend etwas bewegt. Oder Sie schwingen sich zu einer riskanten Intervention auf: Sie konfrontieren die Beteiligten mit Ihrer Vermutung, die wirklichen Vorbehalte würden nicht genannt. Das kann gelingen – dann setzt sich Ihre Sichtweise durch, und es werden die wirklichen Meinungen ausgetauscht und behandelt. Oder, darin besteht das Risiko, Sie scheitern mit Ihrer Konfrontation. Die Gesprächsteilnehmer leugnen, daß Ihre Vermutung zutrifft. Sie erklären Sie für voreingenommen, überempfindlich und bleiben bei ihrer bisher praktizierten Verhinderungsstrategie.

Konfrontationen sind nicht leicht durchzustehen. Besonders schwer sind sie für Frauen, denn der Einsatz von Macht und Aggressivität ist ihnen unangenehm. Von beidem enthält die Konfrontation eine tüchtige Prise.[2]

Was ist zu tun?

Hürter und Hürter definieren »Konfrontation als einen gesteuerten Konflikt zwecks Klärung der Situation, insbesondere der damit gegebenen Beziehungen und Ziele«[3].

Sie müßten also zu einem ganz bestimmten Zweck einen Konflikt riskieren, steuern und durchstehen. »Riskieren« heißt in diesem Zusammenhang, so in das Gespräch eingreifen, daß eine Auseinandersetzung mit dem Thema »Vorbehalte« beginnt. Das Anzetteln des Konflikts ist mißlungen, wenn eine Auseinandersetzung nicht entsteht, sondern Ihr Eingriff in das Gespräch übergangen oder rasch abgetan wird. Der Versuch ist auch fehlgeschlagen, wenn statt dessen eine Auseinandersetzung mit Ihrer Person entsteht, die auch bei Ihnen bleibt, sich also nicht nach einiger Zeit dem Thema zuwendet.

»Steuern« heißt, Sie sorgen dafür, daß der Konflikt seinen Fokus behält, daß kein »Gang durchs Museum« angetreten wird, während dessen lauter alte Geschichten ausgegraben werden. Wer etwas nicht besprechen möchte, legt gern allerlei Schlingen aus, die andere zum Straucheln bringen.

Das Steuern ist mißlungen, wenn sich die Beteiligten plötzlich über Uraltkonflikte zanken oder wenn sie immer noch ohne Entscheidung, aber zerstritten auseinandergehen.

»Durchhalten« heißt, Sie bleiben standhaft und legen womöglich noch einmal nach, so lange, bis die Beteiligten das Thema aufnehmen und sich ihm stellen. Wenn Sie sich rasch besänftigen lassen oder wenn Sie es akzeptieren, daß Ihre Gesprächspartner Ihnen Ihren Verdacht ausreden, dann haben Sie nicht durchgehalten.

Gerade wenn ungenannte Sorgen und Ängste die Ursache fürs Verschleppen sind, werden die Beteiligten diese nicht ohne Zögern auspacken. Denn das, was sie sagen, könnte ihnen zum Nachteil geraten. Zu einer guten Konfrontation gehört daher auch genaues Hinhören.

In einer ersten Phase geht es darum, die schleppende Entwicklung überhaupt zum Thema zu machen. Dazu müssen wahrscheinlich Ablenkungsmanöver unterlaufen und Gegenangriffe konterkariert werden. Wenn es gelungen ist, das Thema zu setzen und zu halten, wenn also die Beteiligten beginnen, zu Ihrer Frage Stellung zu nehmen, dann ist schon etwas gewonnen.

In der zweiten Phase sind Ihr scharfes Ohr und Ihr Einfühlungsvermögen gefragt: Was schwingt mit bei den Ausflüchten, Ausreden oder Auskünften, die Sie hören? Spiegeln Sie das, was Sie gehört haben, zurück, und lassen Sie es sich bestätigen: »Habe ich Sie richtig verstanden, daß ...?« Entweder der andere sagt »Ja«, fühlt sich verstanden und packt noch ein bißchen weiter aus – oder die Spiegelung wird zur neuen Konfrontation: »Sie hatten also in den letzten zwei Monaten keine Möglichkeit, meine Vorlage zu lesen?«

Neben dem »Aktiven Zuhören« ist die Fähigkeit, bei dem einen einfühlsam und verständnisvoll zu reagieren, bei dem anderen aber gegenzuhalten und auch mal zu sagen: »Es fällt mir schwer, Ihnen das abzunehmen« in dieser Phase nützlich.

Aus den Beiträgen der einzelnen, die durch Ihre Reaktion entweder weiter herausgelockt oder in die Enge getrieben werden, entsteht langsam ein differenziertes Bild der Situation.

In der dritten Phase sichten Sie unter der inneren Überschrift: »Wo stehen wir jetzt?« die Ergebnisse, d.h., Sie sortieren, was gesagt wurde und benennen noch einmal die wichtigsten Standpunkte und Argumente. Vergessen Sie nicht, wiederum die

Sichtweise der anderen einzuholen: Welche Auffassung teilen sie, und wo sind sie anderer Meinung?

Da nun die Vorbehalte, zumindest teilweise, auf dem Tisch liegen, kann **die vierte Phase** beginnen. »Was tun angesichts dieser Lage?« lautet das Thema. Übernehmen Sie in keinem Fall die Aufgabe, allen ihre Vorbehalte auszureden, ihre Sorgen zu entkräften, neue Appelle und Ermahnungen auszusprechen. Wenn Sie Energie für Ihr Vorhaben freisetzten wollen, wäre das der falsche Weg. Bedenken, die aus ungenügender oder falscher Information stammen, können Sie ausräumen. Manche Sorgen und Vorbehalte sind aber vielleicht berechtigt. Die sollten bestehen dürfen. Die Frage ist, ob die Beteiligten trotz dieser Vorbehalte Ihr Vorhaben unterstützen möchten. Dazu oder dagegen müßten sie sich entschließen. Wenn sie es tun, ist die Situation so oder so geklärt. Die Stagnation ist überwunden. Es geht entweder mit größerer Verbindlichkeit voran – oder Sie nehmen die Suche nach Verbündeten wieder auf.

Konfrontieren ist immer auch eine Frage der Macht. Aus einer schwachen Position heraus ist es schwer, sich nachhaltig auseinanderzusetzen. Denn die anderen können einfach wegwischen, was Sie behauptet haben. Je höher der Status, desto leichter ist es, etwas zu behaupten und andere zu zwingen, diese Behauptung als Wirklichkeit anzuerkennen.

Wenn Ihr Status in der Runde nicht hoch ist, gibt es vielleicht einige Machtmittel, die Sie einsetzen können. Solche Machtmittel sind z.B. Rücktrittsdrohungen, Verweis auf den Vorstand, der sich das Projekt schließlich ausgedacht hat, Mitteilungen an die Presse u.ä.

Das alles sind Mittel, die sich nur einmal einsetzen lassen und dann verbraucht sind. Wenn Sie nur damit drohen, verlieren Sie an Glaubwürdigkeit und schwächen sich.

Wenn Ihnen solche Mittel nicht zur Verfügung stehen, bleiben Sachautorität, persönlicher Mut und persönliche Kraft. Mit Sachautorität können Sie noch einmal schildern, was geschieht, wenn das Vorhaben versandet. Wenn statt moralischer Appelle bittere inhaltliche Konsequenzen überzeugend dargelegt werden können, entsteht möglicherweise Bewegung.[4]

Persönliche Kraft und persönlicher Mut sind gefragt, wenn

es darum geht, auch angesichts von lautstarken Protesten, aggressiven Rückfragen oder Angriffen unter die Gürtellinie stehen zu bleiben und den Anspruch, die Situation zu klären, aufrechtzuerhalten.

Konfrontation ist nicht zuletzt eine Frage der Formulierung. In den Worten, die Sie wählen und im Tonfall, der ihnen unterlegt ist, drückt sich aus, wie Sie die Aggression, – stets in einer Konfrontation enthalten – dosieren. Einige Beispiele, die ich dem oben zitierten Artikel entnehme, illustrieren die Dosierungsfrage:

Vorsichtig konfrontieren Sie mit dem Satz: »Könnten Sie mir das bitte etwas genauer erläutern?«

Klotzend dagegen wäre: »Das sind ja alles nichts als faule Ausreden!«

Historisch nennen es die Autoren, wenn Sie Damals und Heute von Worten oder Taten vergleichen: »Schon beim letzten Treffen haben Sie gesagt, die Sache sei dringend – heute sagen Sie es wieder. Aber es geschieht nichts.«

Moralisch klingt es folgendermaßen: »Stimmt das, was Sie tun, noch mit Ihren Werten überein?«

Wenn Sie feststellen: »Sie haben sich jetzt dreimal getroffen, und dreimal sind Sie ohne Ergebnis auseinandergegangen«, dann ist auch das eine Konfrontation – mit der Wirklichkeit.

Das klare Wort wirkt am stärksten. Dazu brauchen Sie einen klaren Standpunkt; Sie brauchen einen Fokus: Was soll im Mittelpunkt der Konfrontation stehen? Sie benötigen Argumente oder Beobachtungen von konkretem Verhalten, und Sie brauchen eine Portion Mut und eine Portion Entschlossenheit, um ein laufendes Gespräch mit Ihrer Konfrontation anzuhalten.

Über Bande spielen

Beim Billard können wir Spieler bewundern, denen das unmöglich Erscheinende gelingt. Sie bringen die Kugel nicht auf direktem Weg ins Ziel, sondern über eine oder mehrere Zwischenstationen: die eine stößt die nächste an, und am Ende reicht der Schwung noch gerade, um die letzte Kugel ins Ziel zu schieben. Sie »spielen über Bande«.

Nun können Sie sagen: Billard ist kein typisches Frauenspiel. Das ist aber nur einer der Gründe, weshalb Frauen indirekte, aber genau kalkulierte Formen der Einflußnahme nicht selbstverständlich praktizieren.

Der geplante Schachzug – oder, um im Bild zu bleiben: der exakt gesetzte Stoß – unterliegt bei Frauen häufig einem Tabu. Die Moral solchen strategischen Vorgehens gilt als zweifelhaft. Dabei verfügen Frauen durchaus über Mittel der Beeinflussung, die sie in anderen Lebensbereichen auch einsetzen – sie sprechen nur nicht gern darüber. Schwächere haben immer schon zu Listen gegriffen, und in der Geschichte gebührt der List unter den Formen der Einflußnahme ein wichtiger Platz.[5] Eine wirksame List muß geheim bleiben. Oft möchten Frauen, daß ihre Einflußnahme unbemerkt bleibt. Und sie gestehen weder anderen noch sich selbst gern ein, daß sie durchaus ihre Möglichkeiten haben ...

Im beruflichen Kontext politikfähig werden heißt jedoch, sich bewußt und absichtsvoll dem Feld unterschiedlicher Interessen zuzuwenden, mögliche Partner, Verbündete oder auch nur alte Schuldner zu identifizieren und Beziehungen gezielt zum eigenen Vorteil zu nutzen.[6] Wenn Sie mitspielen möchten, müssen Sie wohl oder übel von der Legende der eigenen Machtlosigkeit als auch vom Mythos der Uneigennützigkeit Abschied nehmen. Ganz besonders schmerzt dabei, dem Selbstbild Lebewohl zu sagen.

Einige Beispiele:

Wenn Sie zu einer für Sie wichtigen Sitzung keinen Zugang haben, prüfen Sie, wer in Ihrem Sinne intervenieren könnte. Dazu finden Sie heraus, wer teilnimmt und welche der Teilnehmenden Sie kennen, zu welchen Sie Zugang haben. Nutzen Sie diesen Zugang, um den oder die Betreffenden anzusprechen und zu gewinnen.

Wenn Sie selbst teilnehmen, peilen Sie im Vorfeld die Lage: Lassen Sie Hinweise auf Ihre Absichten fallen, und lauschen Sie auf das Echo. Es ist sinnvoller, ein Vorhaben, das keine Chancen hat, fallenzulassen oder aufzuschieben. Auf diese Weise stehen Sie nicht als Verliererin da. Manche Menschen prüfen dieses Kräftefeld vor jeder wichtigen Entscheidung.

Wenn das Projekt stockt und Sie überzeugt sind, daß Ihr Status für eine erfolgreiche Konfrontation zu niedrig sei, erwähnen Sie gegenüber einer geeigneten dritten Person, daß das Vorhaben nicht vorankäme. Möglicherweise wird diese Person die Konfrontation für Sie übernehmen.

Wenn Sie weder auffordern noch bitten möchten, fragen Sie um Rat. Die meisten Menschen werden gern um Rat gefragt und raten gern. Ein Nebenprodukt ist, daß Sie den Betreffenden über die Sachlage informieren. Da er nun davon weiß, könnte es ihm unterlaufen, daß er dieses Wissen bei passender Gelegenheit einsetzt.

Bei allen Mitgliedschaften, um die Sie sich nicht bewerben können, sondern zu denen Sie eingeladen werden, ist das Über-Bande-Spielen die Methode der Wahl. Wenn Sie so nicht spielen mögen – andere tun es bestimmt.

Schlußbemerkung
Warten wird nicht belohnt!

Man hat uns Frauen die falschen Sprüche beigebracht. Wenn Sie darauf warten möchten, daß die Organisationen, in denen sich Ihr Berufsleben abspielt, Ihre Ressourcen mehr zu schätzen wissen, können Sie genausogut Ihre Bewerbung um eine höhere Position als Flaschenpost in einen Teich werfen. Warten wird nicht belohnt und Geduld auch nicht. Jüngere Frauen, die zunächst meinen, sie erreichten alles, was sie anstreben, erleiden spätestens dann eine milden Schock, wenn sie herausfinden, daß ihre Kollegen für die gleiche Arbeit zehn Prozent mehr Gehalt einstreichen.

Die Zahlen zeigen: Natürlich verbessert sich etwas. Gleichzeitig bleibt die Diskriminierung bestehen. Gut Ding will Weile haben – auch so ein Spruch, auf dem Sie nicht hören sollten. Die Vision von den verbesserten Chancen der übernächsten Generation bietet einer Frau, die in ihrer beruflichen Entwicklung steckenbleibt, nur wenig Trost.

Wer nicht warten will, sollte etwas tun. Aber wo ansetzen? Darüber gibt es unterschiedliche Auffassungen, denn der Wunsch, es möge doch den einen wirksamen Hebel geben, ist schwer aufzugeben. Aber diesen einen Hebel gibt es nicht, denn die Ursachen für den mangelnden Einfluß von Frauen sind vielfältig. Also machen die einen Politik, sie entwerfen Gesetze und Regelungen, um die strukturelle Diskriminierung aus den Organisationen zu vertreiben und um berufstätige Frauen zu entlasten. Beraterinnen betreiben Change Management und versuchen auf diesem Wege, Betriebe für Frauen zu öffnen. Gleichstellungsbeauftragte entwickeln interne Förderprogramme und initiieren Streitgespräche zwischen den Geschlechtern. Trainerinnen bilden die Toleranz des Managements für Unterschiedlichkeit aus (Diversity Trainings). Forscherinnen erforschen und belegen die Ungleichheit und entwickeln Konzepte zu ihrer Beseitigung. All dies zu tun ist wichtig, auch wenn in unserer geschwindigkeitstrunkenen Zeit der Fortschritt gerade auf diesem Gebiet eine Schnecke ist.

Gleichzeitig stellen sich Frauen – gewissermaßen als persönliche Ergänzung dieser Ansätze – immer wieder die Frage: Was kann ich tun, außer mich zu ärgern und auf eine bessere Welt zu warten? Wie kann ich vorgehen, um nicht bitter und frustriert zu werden?

Die Frage ist heikel, denn sie führt auf das Gelände der persönlichen Entwicklung, auf dem Frauen sich immer gern tummeln. Das Gelände ist recht abgetreten, denn Frauen sehen die Ursache ihrer Probleme häufig in persönlichen Defiziten, die sie durch Weiterbildung oder geeignete Lektüre zu beheben suchen. Am Rande des Geländes steht eine Menschenmenge, die im Chor ruft: »Falscher Ansatz, bringt doch nichts!«

Die Frage ist aber auch legitim und verständlich. Was empfehlen die Mitglieder des Chors? Hoffen und Harren?

Natürlich sind wir Frauen nicht selbst schuld, aber wir wirken mit an der Stabilisierung der Verhältnisse – und sei es auch nur ein wenig. Wenn Sie nach Möglichkeiten suchen, etwas zu tun, könnten Sie überlegen, an ihrer Störung mitzuwirken – oder, weniger beunruhigend formuliert: an ihrer Veränderung. Die Zeiten sind dafür günstig. Betriebe, Behörden und Einrichtungen müssen sich verändern und verändern sich. Wir wissen, daß jedes Ereignis, das die Institution vorübergehend aus dem Gleichgewicht bringt, Einflußchancen bietet. Ergreifen Sie diese Möglichkeit. Halten Sie Ausschau nach Gelegenheiten, die Sie nutzen könnten, um sich selbst und Ihre Themen besser zu positionieren. Probieren Sie, die Spiele anderer mitzuspielen, auch wenn sie Ihnen nicht immer gefallen. Erweitern Sie Ihre Handlungsoptionen, verlassen Sie Ihre Routinen, wählen Sie!

Experimentieren Sie damit, Ihre Grenzen zu erweitern – denn innerhalb dieser Grenzen sind Sie ja bisher nicht weitergekommen. Sie können Ihre Ambivalenzen vermeiden, indem Sie stillhalten – oder sie für eine Entscheidung nutzen.

Sie werden merken, wie Sie sich bewegen. Im günstigen Fall heben Sie ab zu Ruhm und Reichtum – und selbst wenn das nicht gelingt, haben Sie für sich selbst neue Freiheiten gewonnen.

Anmerkungen

Zu Beginn

1 Watzlawick et.al. halten übrigens dieses Verfahren nicht für geeignet, eine Lösung von Problemen herbeizuführen, s. Watzlawick, Weakland und Fisch, 1974.

2 Wer es bisher noch nicht geglaubt hat, kann es jetzt schwarz auf weiß nachlesen: »Der Einkommensabstand zwischen Männern und Frauen wird immer größer, je höher das Ausbildungsniveau ist... Zusätzliche Qualifizierung und Übernahme von Verantwortung zahlen sich für Frauen weit weniger aus als für Männer.« SZ vom 26.10.01.

3 Über diese Probleme von Töchtern schreibt sehr interessant Rohde-Dachser (1990); bezogen auf Frauen mit Führungsaufgaben s. Edding (1995).

4 Z.B. Rastetter, 1992

5 Deborah Tannen hat zu dieser Art von Mißverständnissen zwischen Männern und Frauen zwei instruktive Bücher geschrieben: »Du kannst mich einfach nicht verstehen«(1998) und »Job-Talk« (1997). Das Zitat ist dem erstgenannten Werk entnommen und steht dort auf S. 20.

6 Genauer bei Edding, 2000 a.

Teil I

1 Dieses Verständnis von Macht schildert im Detail Kanter (1977), S. 166ff.

2 Einen neueren Überblick über Untersuchungen zu diesem Thema bieten Phillips und Imhoff (1997).

3 Den geschilderten Fall verdanke ich der spannenden Untersuchung von Christiane Wimbauer (1999).

4 Genauer nachzulesen bei Allmendinger et al. (1999).

5 Bayes und Newton (1979).

6 Ich übernehme diesen Begriff von Sofsky und Paris (1991). Sie weisen darauf hin, daß er ursprünglich von Max Weber benutzt wurde, um damit das spezielle Wissen des Beamten zu kennzeichnen. Aber schon S. und P. benutzen ihn, um Wissen über eher Informelles zu bezeichnen. Ich habe das Schwergewicht noch weiter in diese Richtung verschoben.

7 Wimbauer (1999), S. 219

8 Kanter (1977), S. 134

9 Zwei neuere Bücher zu diesem Thema sind: Gudrun Fey (1999): Kontakte knüpfen und beruflich nutzen. Erfolgreiches Networking. Fit for business Verlag, Regensburg und Uwe Scheler (2000) Erfolgsfaktor Networking, Campus Verlag, Frankfurt/M.

10 Mehr über Männer- und Frauennetzwerke z. B. bei Michal Pagi (2000).

11 Wimmer (1988) beschreibt so eine Entwicklung und ihre Folgen am Beispiel der öffentlichen Verwaltung.

12 siehe Edding (1995)

13 SZ vom 27.11.2001.

14 Ein Bericht über Cross-Mentoring erschien unter dem Titel: »Tandem für die Karriere« in der Zeitschrift managerSeminare, Heft 52, Januar 2002, S. 100–106.

15 (1989), S. 79

16 Im Rundbrief Nr. 64/2001 der Sektion Frauenforschung in den Sozialwissenschaften in der Deutschen Gesellschaft für Soziologie, S. 10–15, ist der Bericht über die Jahrestagung der Sektion Frauenforschung »frauen – macht – geld« vom 15.–17. Juni 2001 erschienen.

17 SZ vom 27.11.2002

Teil II
Die Gruppe

1 Antons et. al. haben gerade ein wunderbares Buch über Gruppenprozesse geschrieben, das viele neue Anregungen enthält und manches lucide formuliert, was alle schon immer über Gruppen wußten, ohne es je in Worte fassen zu können.

2 Den Fall schildert Monika Goldmann (1993), die Überlegungen zu seiner Erklärung stammen von mir.

3 Sehr guter Überblick bei: Cecilia L. Ridgeway und Lynn Smith-Lovin, (1999) Gender and interaction. In: Janet Saltzman Chafez (Hg.): Handbook of the Sociology of Gender. Kluwer Academic/Plenum Publishers, New York, S.247–276.

4 Barbara Schaeffer-Hegel u.a. haben »Frauen mit Macht« am Beispiel des rot-grünen Berliner Senats, an dem 8 Frauen beteiligt waren, unter die Lupe genommen (2. Aufl. 1998).

5 Nachzulesen in der Süddeutschen Zeitung vom 9.12.2001.

6 Zur besonderen Situation einer einzelnen Frau in einer Männergruppe siehe den Abschnitt über »Token«.

7 Untersucht von Lora L. Carli, Suzanne J. LaFleur und Charlotte

C. Loeber (1995): Nonverbal behavior, gender and and influence. Journal of Personality and Social Psychology, 68, 1030–1041 oder auch:
Ridgeway, C.L. (1982). Status in groups: The importance of motivation. American Sociological Review, 47, 76–88.

8 Mehr über Entwicklungsprozesse in Arbeitsgruppen bei Gisela Clausen (2001): Arbeitsfähigkeit in Gruppen. In: Antons et al.: Gruppenprozesse verstehen. Leske und Budrich, Opladen, S. 314–341

9 Rastetter, (1992), S. 233.

10 Wenn Sie Ihre Sammlung von Frauenbildern erweitern wollen, finden Sie im Abschnitt »Sich zeigen« eine kurze Liste geeigneter Spielfilme.

11 Kanters Ansatz wird seither unter dem Stichwort »Tokenism« vielfach diskutiert, und einige ihrer Annahmen fanden sich in manchen Untersuchungen nicht bestätigt. Eines ihrer besonders diskutierten Argumente ist die Behauptung, daß die besonderen Schwierigkeiten des tokens durch das In-der-Minorität-Sein ausgelöst werden, nicht durch das Frau-Sein. Dazu z.B. Gutek, (1988). Ich finde ihre Gedanken dennoch sehr anregend und stelle sie deshalb hier vor.

Das Gespräch unter vier Augen

1 Für das Bestehen schwieriger Gesprächssituationen haben Stone, Patton und Heen (1999) ein sehr praktikables Konzept entwickelt.

2 Immer noch zu empfehlen als Einführung in die menschliche Kommunikation, ihre Möglichkeiten und ihre Probleme:
Friedemann Schulz von Thun (1981): Miteinander reden. Rowohlt Verlag, Reinbek, und Watzlawick/Beavin/Jackson (10. Aufl. 2000): Menschliche Kommunikation. Huber Verlag, Göttingen.

3 Im Jahre 279 a.D. besiegte König Pyrrhus von Epirus in der Schlacht bei Ausculum das römische Heer, jedoch unter hohen Verlusten. Von ihm wird der Satz überliefert: »Noch so ein Sieg, und wir sind verloren!«

4 Genaueres zum Prinzip der Reziprozität in Überzeugungsprozessen bei Cialdini (1993).

5 Das ist übrigens eine Strategie, mit der Frauen ihr Selbstbewußtsein intakt halten. Einzelheiten bei Kling et al. (1999).

6 Ulrich (2002) lotet Möglichkeiten aus, wie man seine Vorgesetzten »erziehen« kann.

Auftritte

1 The New York Review of Books vom 22.2.2001

2 Margrit Brückner hat zu diesem Thema einen außerordentlich erhellenden Aufsatz geschrieben: »Geschlecht und Öffentlichkeit – Für und wider das Auftreten als Frau oder als Mensch« (1994)

3 Seminare finden Sie am besten bei einem Anbieter von Trainings für Frauen in Ihrer Nähe. Bücher zum Thema Präsentation gibt es viele. Recht gut finde ich: Emil Hierhold (5. Aufl. 2000): Sicher Präsentieren, wirksamer Vortragen. Verlag Ueberreuter Wirtschaft. Ein gut geschriebenes praktisches Buch zum Üben ist: Phyllis Mindel (2. Aufl. 2001): Starke Frauen sagen, was sie wollen. Verlag Hugendubel, München – leider mit einem gräßlichen Titel geschlagen.

4 Evelyn Roll am 3./4. Februar 2001 in der Süddeutschen Zeitung.

5 Über den Einsatz von Gefühlen für den Verkauf von Dienstleistungen hat zuerst Hochschild (1990) geschrieben.

6 Die Diskussion über Emotionalität und Management ist seit einiger Zeit wieder aufgeflammt, angefacht durch Goleman, (1995), kritisch dazu: Barbara Sieben (2001); Krell und Weiskopf, (2001). Ob aber Gefühle in Organisationen anders als unter dem Gesichtspunkt ihrer Verwertbarkeit gehandelt werden, bezweifle ich.

Teil III

Gespräche neu einrahmen

1 Goffmann (1977) hat das Konzept des Rahmens (frame) zur Deutung von Alltagsereignissen entwickelt. Er sagt: »Die Handlungen des täglichen Lebens (sind) verstehbar wegen eines oder mehrerer Rahmen, die ihnen einen Sinn verleihen.« (S.36) Der Rahmen liefert eine erste Antwort auf die Frage: »Was geht hier eigentlich vor?«

Als »reframing« wird im therapeutischen Feld der Vorgang bezeichnet, in dem Ereignissen und Erlebnissen durch Umdeutung ein neuer Sinn gegeben wird.

2 Mit Beziehungsdefinition meinen Sozialwissenschaftler das Verhältnis, in das sich die Gesprächspartner zueinander setzen. Sie sagen zum Beispiel: »Die Beziehung ist definiert als eine von Über- und Unterordnung.« Beziehungsdefinitionen sind oft Gegenstand von unterirdischer Auseinandersetzung.

3 Sofsky und Paris, (1992), S. 20.

4 Sofsky und Paris, a.a.O., S. 35.

Sich zeigen

1 Erving Goffman hat dazu ein interessantes Buch geschrieben und vor allem wunderbare Fotos aus der Werbung gesammelt, die der Betrachterin vor Augen führen, wie tief das traditionelle Bild der Frau in unsere Körpersprache eingespurt ist und sofort wirksam wird, wenn Männer und Frauen gleichzeitig im Raum sind. (Goffman, 1986)

2 Wer etwas mehr über diese Forschungsrichtung und ihre Fragen lesen möchte, kann dies bei Wolfgang Kraus (1994) tun.
K. Gergen (1996) hat zum Thema: Wie erschaffe ich mich in jeder Begegnung neu? – ein sehr anregendes Sachbuch verfaßt.

3 »Das kann sich doch keiner vorstellen!« Klaushagener erzählen über die Jahre 1945–1955. Eine Ausstellung zur Dorfgeschichte, finanziert aus Mitteln der Landeszentrale für Politische Bildung, Potsdam, und der Rosa-Luxemburg-Stiftung, Potsdam.

4 Meier-Seethaler, (1993).

5 Meier-Seethaler, a.a.O., S.10.

Projekte politikfähig machen

1 Im 3. Kapitel der »Agentin des Wandels« (Edding 2000b) ist genau nachzulesen, wie so ein nicht genügend politikfähig gemachtes Vorhaben aussieht und welches Schicksal es erleiden kann.

2 Elisabeth und Otto Hürter haben in der Zeitschrift für Supervision einen kurzen und prägnanten Artikel zum Thema »Konfrontieren« verfaßt. Auch wenn dieser sich hauptsächlich an Supervisoren und Supervisorinnen richtet, ist er doch für den »Hausgebrauch« ebenso interessant und nützlich.

3 Hürter und Hürter, a.a.O., S. 105.

4 Edgar Schein spricht von der »Angst zweiter Ordnung«, die manchmal geweckt werden muß, um Vorbehalte gegen Veränderung zu überwinden. Unter der Überschrift »Was geschieht, wenn nichts geschieht?« werden die Zauderer mit den Folgen des Nichtstuns konfrontiert (Schein, 1995).

5 Dem schönen Büchlein »Listen der Ohnmacht« – herausgegeben von Claudia Honegger und Bettina Heintz (1984) – können Sie entnehmen, wie Frauen über Jahrhunderte ihre Interessen einfallsreich zu verfolgen wußten.

6 In seinem Buch »Mikropolitik« (1995) schildert Oswald Neuberger einige Beispiele für höchst verwickelte strategische Spiele, an deren Ende die Kugel, über viele Stationen gespielt, ihr Ziel erreicht.

Literatur

Allmendinger, Jutta; Stefan Fuchs und Janina von Stebut (1999): Drehtüre oder Pater Noster? Zur Frage der Verzinsung der Integration in wissenschaftliche Organisationen, In: Hradil, Stefan (Hrsg.) Grenzenlose Gesellschaft? 29. Kongress der deutschen Gesellschaft für Soziologie in Freiburg. Campus Verlag, Frankfurt/M./New York.

Klaus Antons, Andreas Amann, Gisela Clausen, Oliver König, Karl Schattenhofer (2001): Gruppenprozesse verstehen. Leske und Budrich Verlag, Opladen.

Majorie Bayes und Peter M. Newton (1979): Women in Authority: A Sociopsychological Analysis. The Journal of Applied Behavioral Sciences, S. 7–20.

Geoffrey M. Bellman (2. Aufl.2001): Getting Things Done When You Are Not In Charge. Berrett-Koehler Publishers Inc., San Francisco.

Margit Brückner (1994) Geschlecht und Öffentlichkeit – Für und wider das Auftreten als Frau oder als Mensch. In: Margit Brückner und Birgit Meyer: Die sichtbare Frau. Die Aneignung der gesellschaftlichen Räume. Kore Verlag, Freiburg i.Br., S. 19–56.

Lora L. Carli, Suzanne J. LaFleur und Charlotte C. Loeber (1995): Nonverbal behavior, gender and and influence. Journal of Personality and Social Psychology, 68, S. 1030–1041.

Robert B. Cialdini (1993): Influence. The Psychology of Persuasion. William Morrow and Company, New York.

Allan R. Cohen und David L. Bradford (1990) Influence without Authority. John Wiley and Sons, New York.

Cornelia Edding (1995) Supervision von Frauen mit Führungsaufgaben – ein interaktiver Ansatz zum Verständnis ihrer Probleme. Forum Supervision 3, Heft 5, S. 69–87.

Cornelia Edding (2000 a) Chancenungleichheit zu Zeiten des Wandels. Organisationsentwicklung 19.Jg. Heft 1, S. 20–31.

Cornelia Edding (2000 b): Agentin des Wandels. Der Kampf um Veränderung im Unternehmen. Gerling Akademie Verlag, München.

Gudrun Fey (1999): Kontakte knüpfen und beruflich nutzen. Erfolgreiches Networking. Fit for business Verlag, Regensburg.

Michael Frey und Kristine Jornitz (2001): »frauen – macht – geld« – Bericht über die Jahrestagung der Sektion Frauenforschung in den Sozialwissenschaften in der Deutschen Gesellschaft für Soziologie vom 15.–17. Juni 2001 in Berlin, Mitteilungen der Sektion Frauenforschung Nr. 64, S. 10–15.

Kenneth J. Gergen (1996): Das übersättigte Selbst. Auer Verlag, Heidelberg.

Carol Gilligan (1988): Die andere Stimme. Lebenskonflikte und Moral der Frau. Piper Verlag, München.

Erving Goffman (1977): Rahmen-Analyse. Ein Versuch über die Organisation von Alltagserfahrungen. Suhrkamp Verlag, Frankfurt/M.

Erving Goffman (1986): Geschlecht und Werbung. Suhrkamp Verlag, Frankfurt/M.

Monika Goldmann (1993): Organisationsentwicklung als Geschlechterpolitik. Neue Organisations- und Managementkonzepte im Dienstleistungsbereich. In: Brigitte Aulenbacher und Monika Goldmann (Hg.): Transformationen im Geschlechterverhältnis, Campus Verlag, Frankfurt/M., S. 115–137.

Daniel Goleman (1995): EQ. Emotionale Intelligenz. dtv, München.

Barbara A. Gutek (1988): Sex Segregation and Women at Work: A Selective Review. Applied Psychology: An International Review, 37 (2), S. 103–120.

Emil Hierhold (5. Aufl. 2000): Sicher Präsentieren, wirksamer Vortragen. Verlag Ueberreuter Wirtschaft, München.

Arlie Russell Hochschild (1990): Das gekaufte Herz. Zur Kommerzialisierung der Gefühle. Campus Verlag, Frankfurt/M.

Claudia Honegger und Bettina Heintz (Hg.) (1984): Listen der Ohnmacht. Zur Sozialgeschichte weiblicher Widerstandsformen. Europäische Verlagsanstalt, Frankfurt/M.

Elisabeth und Otto Hürter (1997): Die Kunst der Konfrontation in der Supervision. Supervision, Heft 31, S. 104–112.

Christiane Jüngling (1995): Politik, Macht und Entscheidungen in Projektgruppen. Waxmann Verlag, Münster, New York.

Rosabeth Moss Kanter (1977): Men and Women of the Corporation Basic Books, New York.

Kirsten C. Kling; Janet S. Hyde; Carolin J. Showers und Brenda N. Buswell (1999): Gender Differences in Self Esteem: A Meta-Analysis. Psycholgical Bulletin, 125, Heft 4, S. 470–500.

Wolfgang Kraus (1996): Das erzählte Selbst. Centaurus Verlag, Pfaffenweiler.

Gertraude Krell und Richard Weiskopf (2001): Leidenschaften als Organisationsproblem. In: Georg Schreyögg und Jörg Sydow (Hg.): Emotionen und Management. Gabler Verlag, Wiesbaden, S. 1–46.

Carola Meier-Seethaler (1993): Von der göttlichen Löwin zum Wahrzeichen männlicher Macht – Ursprung und Wandel großer Symbole. Kreuz Verlag, Zürich.

Phyllis Mindel (2. Aufl. 2001): Starke Frauen sagen, was sie wollen. Verlag Hugendubel, München.

Oswald Neuberger (1995): Mikropolitik. Enke Verlag, Stuttgart.

Oswald Neuberger (1997): Individualisierung und Organisierung. Die wechselseitige Erzeugung von Individuum und Organisation durch Verfahren. In: Günther Ortmann, Jörg Sydow und Klaus Türk (Hg.): Theorien der Organisation. Westdeutscher Verlag, Opladen, S. 487–522.

Michal Pagi (2000): Top People and Mentors. In: Mino Vianello und Gwenn Moore (Hg.) Gendering Elites. St. Martin's Press, New York, S. 79–90.

Susan D. Phillips und Anne R. Imhoff (1997): Women and Career Development: A Decade of Research. Annual Review of Psychology 48, S. 31–59.

Daniella Rastetter (1992) »Mach bloß kein Theater« – die Organisation als Rollenspiel. In: Gertraude Krell, Margit Osterloh (Hg.) Personalpolitik aus der Sicht von Frauen. Rainer Hampp Verlag, München und Mehring. S. 230–250.

Cecilia L. Ridgeway (1982): Status in groups: The importance of motivation. American Sociological Review 47, S. 76–88.

Cecilia L. Ridgeway und Lynn Smith-Lovin (1999) Gender and Interaction. In: Janet Saltzman Chafez (Hg.): Handbook of the Sociology of Gender. Kluwer Academic/Plenum Publishers, New York, S.247–276.

Christa Rohde-Dachser (1990) Über töchterliche Existenz. Offene

Fragen zum weiblichen Ödipuskomplex. Zeitschrift für Psychosomatische Medizin 4, S. 303–315.

Hedwig Rudolph und Marlies Grüning(1994): Frauenförderung: Kampf- oder Konsensstrategie? In: Petra Beckmann und Gerhard Engelbrech (Hg.): Arbeitsmarkt für Frauen 2000 – ein Schritt vor oder ein Schritt zurück? Kompedium zur Erwerbstätigkeit von Frauen, Beiträge zur Arbeitsmarkt- und Berufsforschung 179, Bundesanstalt für Arbeit, Nürnberg, S. 773–796.

Barbara Schaeffer-Hegel mit Helga Foster, Helga Lukoschat, Rita Mersmann, Silke Ude und Ulla Weber (2.Aufl.1998): Frauen mit Macht. Zum Wandel der politischen Kultur durch die Präsenz von Frauen in Führungspositionen. Centraurus Verlag, Pfaffenweiler.

Edgar Schein (1995): Wie können Organisationen schneller lernen? Organisationsentwicklung 14.Jg. Heft 3, S. 4–13.

Uwe Scheler (2000): Erfolgsfaktor Networking, Campus Verlag, Frankfurt/M.

Friedemann Schulz von Thun (1981): Miteinander reden. Störungen und Klärungen. Rowohlt Verlag, Reinbek.

Barbara Sieben (2001): Emotionale Intelligenz – Golemans Erfolgskonstrukt auf dem Prüfstand. In: Georg Schreyögg und Jörg Sydow (Hg.): Emotionen und Management. Gabler Verlag, Wiesbaden.

Wolfgang Sofsky und Rainer Paris (1991): Figurationen sozialer Macht – Autorität, Stellvertretung, Koalition. Leske und Budrich Verlag, Opladen.

Douglas Stone, Bruce Patton, Sheila Heen (1999): Offen gesagt! Erfolgreich schwierige Gespräche meistern. Goldmann Verlag, München.

Deborah Tannen (1997): Job-Talk. Wie Männer und Frauen am Arbeitsplatz miteinander reden. Goldmann Verlag München.

Deborah Tannen (1998): Du kannst mich einfach nicht verstehen. Warum Männer und Frauen aneinander vorbeireden. Goldmann Verlag, München.

Friedrich Ulrich (2002): Cheffing – Führen von unten. Cornelsen Verlag, Berlin.

Paul Watzlawick, Janet H. Beavin und Don D. Jackson (10. Aufl. 2000): Menschliche Kommunikation. Huber Verlag, Göttingen.

Paul Watzlawick, John H. Weakland und Richard Fisch (1974): Lösungen. Zur Theorie und Praxis menschlichen Wandels. Verlag Hans Huber, Bern/Stuttgart/Wien.

Christiane Wimbauer (1999): Organisation, Geschlecht, Karriere. Fallstudien aus einem Forschungsinstitut. Leske und Budrich Verlag, Opladen.

Rudolf Wimmer (1988): Was können selbstreflexive Lernformen in der Öffentlichen Verwaltung bewirken? Gruppendynamik, 19. Jg. Heft 1, S. 7–27.

Cornelia Edding

Agentin des Wandels

Der Kampf um Veränderung
im Unternehmen

224 Seiten. Gebunden

ISBN 3-932425-25-1

»Die Diplom-Psychologin Edding schildert einfühlsam und gedankenreich den Alltag der Veränderungsarbeit. Fast einem Roman gleich wird hier das immer aktuelle Thema auf eindringliche Weise nahe gebracht. Wer sich die Zeit nimmt, wird die Vielschichtigkeit des Wandels begreifen. Zu empfehlen bleibt ein Erfahrungsbericht über eine Frau, die als Agentin des Wandels lernt, ihre Inhalte im Schatten anderer Projekte voranzutreiben.«

Financial Times Deutschland

Annette Blumenschein
Ingrid Ute Ehlers

Wege zur strukturierten Kreativität

223 Seiten, mit zahlreichen Abbildungen
und Tabellen. Gebunden
ISBN 3-932425-43-x

Dieses Buch ist ein praxisbezogener Leitfaden für Ideen-Management von der Planung, Entwicklung und Bewertung über die Auswahl bis zur erfolgreichen Realisierung von Ideen. Es stellt tagesgeschäftliche Herausforderungen in den Mittelpunkt und leitet zum kreativen Handeln an. Das Buch bietet zahlreiche bewährte und von den Autorinnen in Seminaren selbst entwickelte Übungen und Kreativtechniken.